CW00493858

ALTERED STATE
THE NEW POLISH POETRY

Czarusz,   1st July 2004.

Happy Birthday (Cati!)

'Av it you fucking bastard'...

Hope you enjoy it, please stop
drinking + driving,

Lots of love

Zosia x

P.S. Co jest bardzo dobrze.

ALTERED STATE
THE NEW POLISH POETRY

Edited by
Rod Mengham, Tadeusz Pióro
and Piotr Szymor

PUBLICATIONS
2003

Published by Arc Publications
Nanholme Mill, Shaw Wood Road
Todmorden, Lancs OL14 6DA, UK

Copyright © individual authors, 2003

Design by Tony Ward
Printed by Antony Rowe Ltd.,
Eastbourne, East Sussex, UK

ISBN 1 900072 60 2

The publishers are grateful to the authors and,
in the case of previously published works,
to their publishers for allowing their poems
to be included in this anthology.

The English translations of Andrzej Sosnowski's
poems were first published by the Cambridge
Conference of Contemporary Poetry
under the title *A Song for Europe*.

The publishers wish to thank the
Polish Cultural Institute, London
for its support and help
throughout the preparation of this volume.

Cover illustration:
Polish Factory Clock
© Marc Atkins / panoptika 2003
by kind permission of the photographer.

Arc Publications Translations Series

The publishers acknowledge financial assistance
from Arts Council England, Yorkshire

CONTENTS

Introduction / 11

MARCIN BARAN / 16

18 / Inaczej (ale jak?)　•　In a different way
(but how?) / 19
18 / Uniedoskonalanie pamięci　•　Imperfecting Memory / 19
18 / Sosnowiec jest jak kobieta　•　Sosnowiec is like a Woman / 19
20 / Gorące zgorzknienia　•　Hot Embitterments / 21

CEZARY DOMARUS / 22

24 / Noise　•　Noise / 25
24 / Wertując drugą klasę　•　Browsing Second Grade / 25
podstawówki
26 / Melodie potyliczne　•　from Occipital Melodies / 27
28 / Ciachnięte fragmenty:　•　from Snipped Fragments:
14 Gwiezdne Wojny…　14 Star Wars… / 29

JAKUB EKIER / 30

32 / wszystko prawda　•　all true / 33
32 / wsłuchany w noc　•　night-rapt / 33
32 / lecąc patrzę　•　looking down in flight / 33
32 / sztandar　•　banner / 33
34 / pod słońcem　•　under the sun / 35

JULIA FIEDORCZUK / 36

38 / Królowa Śniegu　•　The Snow Queen / 39
40 / Październik nad Narwią　•　October on the Narew / 41
41 / Listopad nad Narwią　•　November on the Narew / 41

DAREK FOKS / 44

46 / Dupa Margaret Tischner　•　Margaret Tischner's Ass / 47
48 / My, koledzy Dantego　•　We, Dante's Friends / 49
52 / Żegnaj, Haiku　•　Farewell, Haiku / 53

MARIUSZ GRZEBALSKI / 54

56 / Początek　•　Beginning / 57
56 / Rzeźnia　•　Slaughterhouse / 57
58 / Dwie kobiety　•　Two Women / 59
58 / Graffiti　•　Graffiti / 59
60 / Potem　•　Then / 61
60 / Widok z podwórka　•　The View from the Jews'
od Żydków　Yard / 61

JERZY JARNIEWICZ / 62

64 / Après Nous • Après Nous / 65
64 / Przez ścianę • Through the Wall / 65
66 / Niepoznaki • Covering your traces / 67

KRZYSZTOF JAWORSKI / 68

70 / Kiedyś byłem szcupłym • I used to be a slender
facetem guy / 71
70 / Szósta rano. Lustro nieżje • Six in the Morning. Mirror
Dead / 71
70 / The Best Kiełbasy in the • The Best Kiełbasa in the
USA USA / 71
72 / Monodram • Monodrama / 73
72 / Wywiad z kowbojem • Interview with a Cowboy / 73
74 / Noc. Absolutna ciemność • Night. Utter Darkness / 75
76 / Drażniące przjemności • Annoying Pleasures / 77
78 / Listy do U. M. • Letters to U. M. / 79
78 / Monsieur Pologne • Monsieur Pologne / 79

MARZANNA KIELAR / 82

84 / Brzeg • Shore / 85
84 / [cisza przedświtu…] • [the silence of
daybreak…] / 85
86 / Nad ranem • In the morning / 87
88 / [jak ty umrzesz…] • [how will you die…] / 89
88 / Psy • The dogs / 89
90 / [Pamięć…] • [Recollection…] / 91

ZBIGNIEW MACHEJ / 92

94 / Edyp i Sfinks • Oedipus and the Sphinx / 95
96 / Poemat dla miłośników • poem for believers in the
stylu wysokiego old high style / 97

BARTŁOMIEJ MAJZEL / 100

102 / kontrabasy • double basses / 103
102 / łyżka • a spoon / 103
104 / wszystkie części nocy • all parts of the night / 105
104 / po krzyżu w dół po • up and down the cross / 105
krzyżu do góry
106 / kość niezgody • a bone of contention / 107
106 / wyprawa po jabłka • scrumping / 107
108 / święty lot • holy flight-path / 109

MACIEJ MELECKI / 112

114 / Stan skupienia	• Concentration / 115
114 / Te sprawy	• These Matters / 115
116 / Niewyraźne kwestie	• Unclear Matters / 117
116 / Lato, odchodzenie od siebie	• Summer, Getting Away from Yourself / 117
118 / Ostatni raz raz jeszcze	• Last Time Once Again / 119

ANDRZEJ NIEWIADOMSKI / 120

122 / Wiersze o ludziach i aniołach	• Poems about Poeple and Angels / 123
122 / Parówki, spokój	• Franks, Peace / 123
124 / Expolio	• Expolio / 125
126 / Retineo	• Retineo / 127

EDWARD PASEWICZ / 128

130 / Blizny	• Scars / 131
132 / W starym stylu	• Old-fashioned / 133
132 / Ptasie kości	• Bird Bones / 133

TADEUSZ PIÓRO / 136

138 / Dom bez kantów	• Cutting Corners / 139
142 / Spisany	• Checked / 143
144 / Bug Hour	• Bug Hour / 145
146 / Światowa stolica poezji	• Poetry Capital of the World / 147

MARTA PODGÓRNIK / 148

150 / Uciekinier bez powodu	• Fugitive without a Cause / 151
150 / Nasz ostatni raz	• Our Last Time / 151
152 / unplugged	• unplugged / 153
152 / paradiso	• paradiso / 153
154 / stacja docelowa	• Final Destination / 155

MARCIN SENDECKI / 156

158 / Maciek Tanner, rytmy	• Maciek Tanner, Rhythms / 159
158 / W (	• In (/ 159
158 / [Dobranoc, ciemno…]	• [Goodnight, dark…] / 159
158 / [skrzep słońca…]	• [Clotted sun…] / 159
160 / [Skaleczenia ciepło…]	• [Cuts, warm…] / 161
160 / Fragment	• Fragment / 161
160 / No, chodź	• So Come On / 161
160 / [Pył wydaje się lżejszy…]	• [Dust seems lighter…] / 161
162 / Niedziela	• Sunday / 163

162 / Gryps • Smuggled Message / 163
162 / Huśtawki • Swings / 163
164 / Powtórka • Rerun / 165
164 / Uwaga! W sprzedaży • Caution! Sandwiches
kanapki sold / 165
164 / Pamiątka z celulozy • Ceullulose Keepsake / 165

KRZYSZTOF SIWCZYK / 166
168 / Przykłady • Instances / 169
168 / Wzór • Formula / 169
168 / Metafory i porównania • Metaphors and comparisons / 169
168 / Natura rzeczy • The Nature of Things / 169
170 / Żywi klasycy • Living classics / 171
170 / Dlaczego raczej to • Why This Rather Than
niż tamto That / 171
170 / Trzy jedności • The Three Unities / 171

KRZYSZTOF ŚLIWKA / 174
176 / Punkty zwrotne • Turning Points / 177
178 / Sestyna • Sestina / 179

DARIUSZ SOŚNICKI / 182
184 / Akwarium • Fish Tank / 185
184 / Pralnia • Washroom / 185
184 / Kuchnia • Kitchen / 185
186 / Ikarus • Ikarus / 187
186 / Liście • Leaves / 187
188 / Pakt • Pact / 189
188 / Jak zejść po schodach • How to Walk Downstairs / 189

ANDRZEJ SOSNOWSKI / 190
192 / Trop w trop • Trope for Trope / 193
192 / Ostatki (11/12 • Shrovetide (11/12 August
sierpnia 1993) 1993) / 193
194 / Sezon na Helu • A Season in Hel / 195
196 / Będę czekać • I'll Be Waiting / 197
198 / Piosenka dla Europy • A Song for Europe / 199
200 / Dzieciom • For Children / 201
202 / Zmienia to postać • The Altered State of
legendarnych rzeczy Legendary Things / 203
202 / Po sezonie • In the Off-Season / 203

Marcin Świetlicki / 206

208 / …ska • …ska / 209
208 / Pobojowisko • Battlefield / 209
210 / Jeszcze o barbarzyńcach • Barbarians Revisit / 211
210 / Domówienie • Stated in Full / 211
212 / Druga pieśń profana • Second Profane Song / 213
212 / Tak dawno, tak wyraźnie • So Long Ago, So Distinctly / 213
212 / Przed wyborami • Before the Elections / 213
212 / M – czarny poniedziałek • To M – Black Monday / 213
214 / McDonald's • McDonald's / 215

Eugeniusz Tkaczyszyn-Dycki / 216

218 / xii Księżyc wschodzi • xii Moon rises over the
nad Wisłą Vistula / 219
218 / xxv Ostatni krzyk mody • xxv Dernier Cri / 219
218 / xxvi [Gemlaburbitsky • xxvi [Gemlaburbitsky with
z którym…] whom…] / 219
220 / x [wsłuchuj się w • x [listen to the past…] / 221
przeszłość…]
220 / xi [wsłuchuj się w • xi [listen to the past the
przeszłość w wiatr…] wind…] / 221
222 / xxvii [oto złożyliśmy…] • xxvii [so we put the body…]
/ 223
222 / xxx [w domu • xxx [in our mothers'
naszych…] homes…] / 223
222 / xxxix Piosenka • xxxix Song / 223
224 / li Na miasteczku • li On Campus / 225
uniwersyteckim
224 / lii [pijemy alkohol…] • lii [we drink alcohol…]
/ 225
226 / liii [pijemy alkohol…] • liii [we drink alcohol…]
/ 227
226 / liii Odpowiedzialność • liii Responsibility / 227
228 / lxxx Upał • lxxx Heat / 229
228 / lxxxiii Nieśmiałość • lxxxiii Shyness / 229
228 / xc [dopiero • xc [we'd just wept our
wypłakaliśmy…] eyes out…] / 229

Adam Wiedemann / 232

234 / Porcyjka • Small Dose / 235
234 / Estetyka słowa • Aesthetics of the Word / 235

GRZEGORZ WRÓBLEWSKI / 240

242 / Mandarynki	•	Tangerines / 243
242 / Argument ze stacji Enghave	•	Argument from Enghave Station / 243
242 / [Przekładam nożyk…]	•	[I put off the knife…] / 243
244 / Nieporozumuenie	•	Misunderstanding / 245
244 / Wiosna	•	Spring / 245

About the Editors / 247

INTRODUCTION

This anthology breaks new ground in the English-speaking world by publishing translations of poems by Polish writers all under the age of forty five. It reflects the range of different writing practices that have flourished in various parts of Poland over the last fifteen years and tries to achieve a balance between them.

Practically all the work in this selection was written in the post-communist period, but in cultural historical terms it reflects the evolution of a sensibility that began to emerge in the mid 1980s, when Polish poetry was being realigned contentiously with newly visible traditions of European and American writing.

A key moment was the publication in July 1986 of the so-called 'blue' issue of *Literatura na Świecie*, which was devoted entirely to the work of poets of the New York School. The result was an extraordinary expansion in the range of different kinds of poetic writing in Poland that has continued until now. Perhaps the most influential and controversial of the new trends went under the name 'O'Harism'. It paraded its credentials in a deliberately polemical manner that catalyzed opposition from a group of writers calling themselves the 'New Classicists'. Their name for the O'Harists was 'The Barbarians'; the latter were reckoned to be literary vandals, crowding their lines with allusions to a crude new popular culture. Meanwhile the O'Harists accused their detractors of constructing their poems out of meaningless citations from the great writers of the past. This vigorous mudslinging was a sign of a thriving poetic culture that generated rival forms of inventiveness pursued with an extraordinary energy.

A third wave then formed in the shape of a deliberately unglamorous, systematically casual, self-consciously 'uninteresting' monologism, employing a studied neutrality of tone, or 'zero method'. This has become known as 'Banalism'; its effects have been very widespread in recent Polish writing, but it is found in concentrated form in the work of members of two groupings, 'TotArt' and 'They Came Inside Me', who have been prominent in the revival of poetry readings in Poland, linking these progressively to the conditions of performance art and of 'happenings'.

A new generation of journals has appeared, in addition to the previously existing periodicals such as *Literatura na Świecie*, which continues to play a vital role. In the late eighties and early nineties, *bruLion* was the most prominent and provocative literary journal, but has since degenerated into a fanatically dogmatic, ultra-Catholic publication. *Nowy Nurt*, published in the mid-nineties, became a forum for debates and polemics about the new poetry. Another Poznań-based journal, *Czas kultury*, was also widely read during that time. *Gazeta Forteczna*, later renamed *Dziennik Portowy*, started as a showcase for participants in the annual literary festival in Legnica, but has developed into a quarterly of considerable scope. *Kresy*, a quarterly published in Lublin, combines academic essays with presentations of avant-garde writing, including translations. The small magazines which proliferated in the late nineties have been largely supplanted by web-sites devoted to poetry and on-line journals.

In some respects, cultural change in Poland over the last two decades has been so rapid and constant that a turnover of poetic styles and influences has not only been inevitable but also almost incapable of keeping pace with the rate of transformation. The highly energized, osmotic, all-engrossing manner of O'Hara's verse provides a suitable model for the Polish poet acutely aware of continuous adjustments in every detail of the social and political environment. But there is also the danger that writing with this model will reproduce different versions of a sense of bewilderment and disorientation. As Maciej Melecki puts it, 'it's daft / gazing at every small link' when 'changes following one another will never come / to a halt.' And the great paradox in Polish poetry's embrace of the New York School template is that perhaps the biggest change in Polish culture of the 1990s and after is in its relationship with the nature of American influence. In 1986, the examples of O'Hara and Ashbery represented an enlivening, oxygenating alternative to the claustrophobic torpor of official state culture; but in the last fifteen or so years, Poland has been progressively encroached on by an American, global, postmodern culture whose effects have been extremely mixed. The pervasiveness of American influence – as Marcin Baran observes caustically, 'like almost everyone now I have my roots in America'– has meant an uprooting from Polish traditions as well as exposure to the uncertainties of a market economy. Along with freedom and innovation have come enhanced forms of competitiveness, a nervous survivalism. Darek Foks's work brings together the casual, breezy, off-hand gestures of the transatlantic writer with an uneasy awareness of the place of oneupmanship in poetry as much as anywhere else. The need to achieve an effect of effortless poise has an edge of desperation to it.

Perhaps the most sarcastic comment on the new conditions is found in Zbigniew Machej's 'poem for believers in the old high style', an exercise in the use of degree zero tones which relates how the occupants of a block of flats are afflicted by appalling sewage problems. The old sanitary system constructed during the communist era has failed catastrophically, but while it is under repair, the tenants prefer to use the facilities at the new Tesco superstore, rather than the janitor's alternative, filled as it is with the accumulated detritus of forty years of communal living. The abandonment of a managed economy, with all its restrictions and inconveniences, has been succeeded by an equally worrying alternative, the balancing-act of living between the extremes of scarcity and excess, a tension that is shrewdly observed in the work of Andrzej Niewiadomski. The vertigo of postmodernism is equally well reflected in the satire of Krzysztof Śliwka, whose kaleidoscopic view of Rome, bedrock of European tradition, consists almost entirely of instances of popular culture whose transitoriness is encapsulated in the setting of the Ostiense airport terminal.

Post-communist Poland has willingly abandoned one of the 'grand narratives' of European history, and yet its literature is haunted by the sense of evacuation, of being deprived of ideological guarantees worth writing for. Maciej Melecki's poems are frequently cast in terms of a narrative of mystery or suspense for which there is no longer a satisfactory key. In these circumstances, it is remarkable how many of the writers in this anthology have responded to the breaking up of established social structures by asking questions about what has taken their place; specifically, whether there is any new basis for sharing and belonging, any genuinely new form of communality. Krzysztof Jaworski's version of this enquiry takes the form of an absurd desire to be included in the statistics of a consumer questionnaire, 'But no survey takers come to me with any survey.' Behind the humour, there is an extraordinary desolation in the nature of the desire and the social emptiness that has prompted it.

Many of the poems in this anthology reflect a determination to rediscover and re-explore the basic contours of Polish domestic space, as if attention to the basic components of everyday life should enable the reconstruction of social forms and relationships. But, of course, it is precisely within the confines of Polish housing and the way of life it dictates that very little has changed for the majority of ordinary people. Dariusz Sośnicki's investigation of the Polish habitat is littered with references to blockage, choking, constriction. One poem, which compares drying towels to flags, ends with an image of the inhabitants having to save space by folding themselves into four, as if their identity is coterminous with a national flag that has to be folded up and put away. Many poets make the basis of their search for shared experience even more radical by focusing on the activities of the body, in the hope that this will provide a basis for articulating genuine meanings in a culture that is swamped with provisional, or imported, or superficial promises of significance. Bartłomiej Majzel exemplifies this project in his attempt to 'let my body get caught in my throat', while other poets, particularly Marcin

Baran and Marzanna Kielar, return again and again to predicates of 'touch.' Kielar in particular associates 'touching' with 'opening' in a series of meditations which seem to assume that all the fundamentals of perception have to be reinvented on an individual basis, in a landscape that is glimpsed repeatedly in a transitional state, as between darkness and dawn.

For Bartlomiej Majzel and Marta Podgórnik, the context of transition is one that is filled with projections of all those lost opportunities and parallel lives dreamed of in the period before transition became possible. The paradox of change in recent Polish culture is figured not as the satisfaction of desires but as their proliferation. And this is partly why so much of the most resourceful of contemporary poetry is dedicated to the tantalizing of the reader. The most spectacularly fluent of these writers – Andrzej Sosnowski, Tadeusz Pióro, Cezary Domarus – are also the most vertiginous in their constant shifting from one scale of significance to another. Jakub Ekier's work is more cautious in its shaping of individual phrases and its Beckettian cadences, but it is equally committed to an effect of occupying simultaneously the macro-and microcosmic.

Krzysztof Siwczyk's work hypothesizes that the dream is now the basis of communality; not the private dream, but 'everyone's' dream; it enters individual bodies, but remains the possession of none, a situation both protested about and put up with in Tadeusz Pióro's 'Bug Hour', whose emphasis on a captured moth evokes the fable of the Chinese sage dreaming of being a butterfly; the question being, who is dreaming what? Am I in someone else's dream, or are they in mine? In Marcin Świetlicki's poem, 'Battlefield', 'bright moths / touch both sides of the window', an image of contradictory desires in a text where the antagonisms of a love relationship are made the immediate setting for the inflections of Polish history. And it is one of the most piercing insights of Andrzej Sosnowski's work that figures contemporary subjectivity as a condition that has been caught up in the 'dream' of Polish history, like Prince Hamlet, disabled by a legacy that is too overpowering to live up to. This dilemma is precisely what underlies and permeates the work of Eugeniusz Tkaczyszyn-Dycki, whose extraordinary determination to forge an authentic sexual identity that has not been given voice in previous Polish poetry refuses to shirk the burden of the past, a burden whose influence is constantly reconsidered and reworked from different angles.

In view of this poising of the dream in the juxtapositions of past and future, it seems especially appropriate that the latest newcomer to the Polish literary scene, the magazine *Dwukropek*, edited by Tadeusz Pióro and Andrzej Sosnowski, should conjoin language with history. 'Dwukropek' means 'colon' in the grammatical sense, an interstitial mark, preceding an example of what has gone before; it is the most economically defining instance of the condition of the new Polish poetry, undergoing constant alteration in a constantly altered State.

Rod Mengham

MARCIN BARAN was born in 1963 in Kraków and graduated from the Jagiellonian University with a master's degree in Polish literature. A co-editor of *bruLion*, he has since worked as a TV, radio and press journalist and is currently managing editor at Przekrój in Warsaw. His enthusiasms include Raymond Chandler's writing and Mrs. Baran's beef bouillon.

His publications include:
Pomieszanie [*Mix-up*] (Kraków: Oficyna Literacka, 1990)
Sosnowiec jest jak kobieta [*Sosnowiec is Like a Woman*] (Kraków-Warszawa: *bruLion*, 1992)
Zabiegi miłosne [*Love Interventions*] (Krakow: Baran i Suszczyński, 1996)
Sprzeczne fragmenty [*Contradictory Fragments*] (Poznań: A5, 1996)
Tanero (Kraków: Oficyna Literacka, 1998)
Prozak liryczny [*Lyrical Prozac*] (Kraków: Wydawnictwo Literackie, 1999)
Bóg raczy wiedzieć [*God Only Knows*] (Kraków: Zebra, 2000)

MARCIN BARAN

INACZEJ (ALE JAK?)

Jest wrzesień, kiedy wolność dokoła i dziewczyny szczezą
wielkie, śniade pośladki na witrynach trafik.
Usycha imperium, pejzaże sztywnieją
i trzeba wziąć na siebie swoją własną winę.

Będę sadził ziemniaki we wszystkich miejscach ziemi.
One głodnych napoją, spragnionym zawrócą w głowach.
Więźniowie wyrzeźbią z nich szachy. (Jak niemal wszyscy teraz –
korzenie mam w Ameryce.)

(1991)

UNIEDOSKONALANIE PAMIĘCI

Te drobne cząsteczki, którymi podobno
jestem, zmartwiały. Na cóż tym drobinkom
nasze dotykanie? Atomy i to, co jest
mniejsze od atomów, zmierzają ku tobie,
wyszukują ułamków twojego głosu, grymasu,
spojrzenia. Coraz mniej wyraźny a coraz
silniejszy twój obraz pod powiekami.
Rozpadnę się na elementy, w których
nie będzie pamięci o tobie? Stanę się
doskonałą przerwą w materii? Czy mogłabyś
stać się mniej wyczuwalną pustką?

(1996)

SOSNOWIEC JEST JAK KOBIETA

Miasta nasze nie mają budowniczych ani wież niebosiężnych, ani
    kwietnych ogrodów.

Na tlejącym śniegu nisko je wznosi wiatrem pchany kurz.

Lecz trwałe są nad podziw i mieszczą w sobie zajadłe w byciu
stworzenia.

IN A DIFFERENT WAY (BUT HOW?)

September, freedom and girls flash
huge, tan buttocks at newsstands.
The empire's withering, landscapes stiffen
and your guilt is for you to take on.

I shall plant potatoes in every place on earth.
They will let the hungry drink, turn the heads of those who thirst.
Convicts will carve them into chess-pieces. (Like almost everyone
now – I have my roots in America).

(1991)

IMPERFECTING MEMORY

The tiny particles that supposedly
make me up have deadened. What need
have they of our touching? Atoms and that
which is smaller yet move toward you
seeking shards of your voice, grimace,
gaze. Losing clarity, gaining intensity –
your image under my lids.
Will I break down into elements
in which you won't be remembered?
Become a perfect gap in matter? Would you mind
being a less palpable void?

(1996)

SOSNOWIEC IS LIKE A WOMAN

Our cities have no builders nor sky-reaching towers nor flowering
        gardens.

Wind-driven dust raises them slightly above the glowing snow.

But they are wondrously lasting and house creatures fiercely
        clinging to life.

Nad brzegami kanałów pył wnika w butelkowe szkło.

Na działkach, pod ołowiowym ciepłem wzrasta marchew i mlecz.

Ponieważ musimy kochać – kochamy nasze miasta. (Nawet ich
tłuste koty.)

Trudno kochać, choć cudne, nie znane poranki rzymskie.

Kochamy pospolitość nie z wyrafinowania, lecz że w zasięgu ręki.

Bo kochać to znaczy dotykać.

Jak kocha się kobietę, której nic oprócz siebie nie trzeba do bycia
kobietą.

(1990)

GORĄCE ZGORZKNIENIA

Dotykałem cię lekko i bez pocałunku. Ciała
układały się ze sobą. Szara, stara trawa
uciekała w głąb ziemi, a nowe źdźbła ćwiczyły
pornograficzną gibkość. W nierównym rytmie
chceń i powinności czerwie cicho sunęły
przez żołądek do serca. Wśród tańców godowych
i mieszanych uczuć trwało tarło. Ktoś
oblewał Kraków ciepłym deszczem piwa.

(1993, 1995)

By canal banks dust pierces glass.

In vegetable plots the leaden heat makes carrots grow and dandelions.

Since love we must, we love our cities. (Even their fat cats.)

It's hard to love the marvellous yet unknown Roman dawns.

We love the vulgar not out of refinement, but because it's within
　　　reach.

For to love means to touch.

As one loves a woman who needs nothing but herself to be a
　　　woman.

(1990)

HOT EMBITTERMENTS

I touched you lightly, no kiss. Bodies
negotiated. Grey old grass
ran deep into the earth, new blades practised
pornographic litheness. In the uneven rhythm
of wants and musts maggots slid silently
through stomach to heart. Among mating dances
and mixed feelings the spawning went on. Someone
covered Kraków with a rain of warm beer.

(1993, 1995)

Translated by Tadeusz Pióro

CEZARY DOMARUS was born in 1966 and lives in Gdańsk and works in the shipping line. Besides poetry he also writes subversive leaflets which are distributed on local trains. He is the author of a novel, *Caligari Express* (1996).

His publications include:
Ekwipunki [*Gear*] (Kraków-Warszawa: *bruLion*, 1999)
Mózg Story [*Brain Story*] (Tychy: Teatr Mały, 2001)

CEZARY DOMARUS

NOISE

Czas powiewający na wietrze o mało nie spada z balkonu
i wszystko co na zewnątrz, lepiej słychać w pokoju.

Filtry okien i półprzymkniętych drzwi ustawiają dźwięki
w panoramie kanałów dbając, by nic nie działo się
bez kierunku i jednocześnie. Gdybyś zobaczył wszystko,
nie uwierzyłbyś.

W tym ograniczeniu jest miejsce, które jest.
Na „jest" kończy się zdanie, a nie coś od gór do morza.
Zdanie, które dotyka twojej twarzy. Zdanie zahaczone o drugie,
lecz nie oddające się mu bez reszty. Całość czyha
ze swoim mianownikiem, w imię ekonomii,
która udaje dziedzinę matematyczną; w satyrze.

I teraz, kiedy słychać, jak śmieciarze przechylają kubły,
dźwięki i odpady wiążą się na moment, a potem.
Na „potem" kończy się zdanie. Bo jest nagła zmiana
        kierunku:
krzyk z oddali, palący czyjeś gardło – dla jaj? na ratunek?
Firanka przepraszającym gestem próbuje wystarczyć.

WERTUJĄC DRUGĄ KLASĘ PODSTAWÓWKI

Darii

To ćwiczenie jest o mojej miejscowości:
kiedy rzeczowniki rodzaju męskiego
zostaną otoczone pętlą, z pozostałych układamy
zdanie: Nasza szkoła od gór do morza.

Myślałem, że tak nie da się zacząć.
Niebo ustawione nad brzegiem.
Niebo odbite w oknach wystaw.
Okna wystaw odbite w błotnistych tunelach źrenic.
Najwidoczniej to wiersz o wilgoci.

W oknach wystaw odbija się twarz,
pulsująca żyłka skroni i kropla
wytrącona podczas ulicznej wędrówki.

NOISE

Time flapping in the wind almost falls off the balcony
and all that's outside is better heard indoors.

Screens of windows and half-closed doors set sounds
in the channels' expanse, careful that nothing should happen
without direction or all at once. If you saw everything
you wouldn't believe it.

In this limitation there is a place which is.
The sentence ends on "is", not something from sea to shining sea.
A sentence that touches your face. A sentence hooked to another
but not hooked on it completely. The whole lurks
with its nominative, in the name of economy
which pretends to be a branch of mathematics; in satire.

And now as you hear the garbage men tilt bins
sounds and refuse fuse for a moment, and then.
The sentence ends on "then". For there's a sudden change
          of direction:
a distant cry burns someone's throat – for kicks? for help?
With an apologetic gesture, the blind tries to suffice.

BROWSING SECOND GRADE

To Daria

This is an exercise about my town:
when the masculine nouns
are noosed, we make the others
into a sentence: our school from sea to shining sea.

I thought you couldn't begin this way.
Sky set above shore.
Sky reflected in shop windows.
Shop windows reflected in pupils' muddy tunnels.
Obviously this is a poem about wetness.

A face reflected in shop windows,
the temple's pulsing vein and a drop
precipitated on a walk through the streets.

Dotarłaś tu, by twoja skóra
stygła w cieniu perspektyw.

Dwa zdania, zapoznaj się:
Nie ma zła, kiedy jest potomstwo.
Oszuści kantują dla swoich dzieci.

Ufam, że posłuchasz „The Magnificent Seven" Clashów.
Żadna książka nie jest już elementarzem.
Musimy sobie poradzić z tym zdaniem.
Bez opisów i wyjaśnień, które pan z gabinetu orła
mógłby włączyć do swojego programu.
W razie czego głos jego usłyszymy z Bukaresztu,
dokąd śmignie dla naszego dobra i zabezpieczy tyły.
Kapiszony prześle faksem na place zabaw. Będziemy gotowi.
Gotowość to nie jest puste słowo. Ma w środku przepis. Puste
jest nic, które dostaniemy za Chiny.

Tymczasem figura wstępu – landszaft i puzzle.
Ciąg dalszy będzie za twoją sprawą,
zwróć uwagę – daleko za nią.

MELODIE POTYLICZNE

Granicami twojego świata są granice naszych interesów.
Wczorajsza wędrówka wśród przemian śniegu, błota,
witryny sklepów z rajstopami chęci, długie nogi,
zgięte kolana, jakby gotujące się do skoku w dal,
kiedy w pobliżu krąży ruchoma przepaść
– wcześniej plastelinowy ludzik potrafił wyrazić wszystko,
powiedzieć „hurra!" nawet jako paszcza
pięciogłowego smoka, który z łatwością mógłby
przegryźć kabel zasilania baz danych
– ale nie przegryzł.

I jeszcze porządek
stojący na włosach, i ten pomysł, by gonić
z powrotem do bezładu swobodnych odbitek,
aż każde miejsce będzie wyglądać tak samo
i niech się stanie –

You've come here for your skin to cool
in the shadow of prospects.

Two sentences, get to know them:
There is no evil when there's next of kin.
Crooks cheat for their children.

I trust you will listen to "The Magnificent Seven" by The Clash.
No book is a primer any more.
We must come to terms with that sentence
without descriptions or explanations the smiling man
from the eagle's office could include in his platform.
In an emergency, we'll hear his voice from Bucharest
where he'll fly for our own good and cover the rearguard.
He'll fax the caps to playgrounds. We'll be ready.
Readiness is not an empty word. A rule's inside. Empty
is the nothing we'll get for all the tea in China.

Meanwhile, an introductory figure – landscape and puzzles.
The sequel will follow your cause,
mark me well – follow at a great distance.

From OCCIPITAL MELODIES

The limits of your world are the limits of our interests
Yesterday's trek through changing snow, slush,
shop windows with the hose of desire, long legs,
bent knees, as if readying for the long jump
as a mobile abyss circles nearby
– earlier, the plasteline homunculus could express everything,
say "hurrah" even as the jaws
of a five-headed dragon that could easily
bite through the power line of the data base
– but didn't.

And then the order
stood on its hair and that idea to chase
back to the mess of unattached prints
until each place looks the same
and let be what may –

co może być tańsze w obliczu znaków przyszłości,
następnych megalitycznych głazów, i co zastąpi
idee, w myśl zamkniętego obiegu precyzji,
zwichniętej w momencie, kiedy – zapominając
o wszystkim – zrobisz wszystko dla ukochanej.
Jej gładki brzuch i uśmiech dziecka
w grejpfrutowym płynie najlepszego idola, ten
zewnętrzny krwioobieg w panoramie błękitów i czerwieni
– doskonalszych od snu, skończonych jak dowcip w pociągu,
zawsze chętnie wysłuchany do końca, pod warunkiem,
że dzisiaj nie będzie ostatniej stacji, a jutro
optymalna eskapada wzdłuż granicy, podróż
do stanu zerowego pytań, gdzie nic
nie zakłóca trybu transakcji, a „wolność"
jest kluczowym słowem, lecz wykręconym z gniazdka
jak jakaś przepalona żarówka, z której przemysł
wydobywczy chce odzyskać wolfram. Ten twój czas
do wyhaczenia – *pneuma*tyczny pieniążek,
bezbarwna limfa pod skórą
i na zewnątrz.

CIACHNIĘTE FRAGMENTY

14 GWIEZDNE WOJNY, CZĘŚĆ 0

Mimo kształtu i rozmiarów, czaszka – zbyt wielki teleskop.
Jak to było?
Geolog opowiada o wstrząsach.
Hurtownik o jedzeniu.
Dyrektor szpitala o porodzie.
O śladach krwi i resztkach śluzu
zwanego zbyt kulkowo.
Początek nawałnicy ma postać elementarza.
Obraz pierwszej metafory wprowadza
równanie z konstelacją niewiadomych.
(no nieźle…)
W epilogu: pozorowanie piękna – bezczelnego *curiosum*
w próżni.

what could be cheaper, faced with signs of the future,
the next megalithic stones, and what will fill in
for ideas, as required by the closed circuit of precision,
broken the minute you forget everything
and will do everything for your beloved.
Her smooth belly and smile like a child's
in the grapefruit liquid of the best idol, that external
blood circulation system in a vista of blues and reds
– more perfect than dreams, finished like a joke told on a train
always eagerly listened through on condition
that today there'll be no final destination, and tomorrow –
an ideal escapade along the border, a trip
to the zero degree of questions, where nothing
disrupts the pace of the transaction and "freedom"
is a key word, though unscrewed from its socket
like some burnt-out bulb sought by the mining industry
for its wolfram. This time of yours
up for grabs – a pneumatic coin,
colourless lymph beneath skin
and outside.

From SNIPPED FRAGMENTS

14 STAR WARS, PART 0

Regardless of shape and size, the skull – too big a telescope.
How did it go?
The geologist speaks of tremors.
The wholesaler about food.
The hospital director of a birth.
Blood stains and bits of mucus
too literally named.
The tempest begins in the form of a primer.
Images of the first metaphor bring in
an equation with myriads of unknowns
(not bad at all…)
Epilogue: simulating beauty – cheeky wonder
in a vacuum.

Translated by Tadeusz Pióro

JAKUB EKIER was born in 1961 and lives in Warsaw. His translation of Kafka's *The Trial* will be published in 2003 by Znak. His translations from German include poems by Paul Celan and Rainer Kunze. Currently a free-lancer, he worked in publishing during the 1990s and collaborated closely with *bruLion* and *Tygodnik Literacki*.

His publications include:
cały czas [*the whole time*] (Kraków-Warszawa:
bruLion, 1992)
podczas ciebie [*during you*] (Krakow: A5, 1999)

JAKUB EKIER

WSZYSTKO PRAWDA

płakał
zapomniał że za oknem
jedzie tramwaj pustych spojrzeń kiedy
gdzieś oddech morza i żuk tonie kiedy
mycie marmuru i krzyk obok krzyku
i wszystko możliwe
podczas ciebie

WSŁUCHANY W NOC

tylko mrok tylko okno
i szmer krople rozsnute
krople stukanie tkanie
tylko deszcz krosno snu
i twój oddech
czółenko

LECĄC PATRZĘ

ziemia wieczorowo
w czerni
brylantowe miasto boa z chmur

przyjęcie

SZTANDAR

korony orłów szpony różnią
się

ten sam wróbel
milczenie po pracy
które obiega ziemię w kółko

w poczekalni dworca głowy schylone
pod ciężarem słów co dojrzewają

ALL TRUE

weeping
he forgot that outside
trams pass full of empty looks when
sea's breath somewhere a drowning bug when
marble is polished and cry after single cry
and everything possible
during you

NIGHT-RAPT

only dark only window
and rustling drops spun
drops knocking weaving
only rain sleep's loom
and your breath
the shuttle

LOOKING DOWN IN FLIGHT

evening earth
in black
diamond city cloud boa

reception

BANNER

eagles' crowns talons
make differ

sparrows all one
silence after work
circles the earth

waiting heads in a station bowed
under ripening dreams

POD SŁOŃCEM

jeden grób aż po niebo i
nic twarze sprawców nad pochodem
wciąż słowa które znaczą
ludzi

i zdaje się że nic nowego
już nigdy że wciąż tylko rzeki
wiatr a w nas głód gniew i krew
krew nic
tylko swoje
i swoje tak się zdaje kiedy
tymczasem tym czasem ty

UNDER THE SUN

one grave through the sky and
nothing doers' faces above the march
and words that still mark
people

nothing new it seems
ever again just rivers
wind and in us still hunger anger and blood
blood claims
nothing but its own
over and over it would seem when
in this time this time's yours

Translated by Tadeusz Pióro

JULIA FIEDORCZUK, poet and translator, was born in 1975 and is completing her Ph.D on the poet Laura Riding. She teaches American literature and literary history at the English Department at the University of Warsaw. She is currently on a Fulbright Scholarship at Cornell University, New York.

Her publications include:
Listopad nad Narwią [*November on the Narew*]
(Legnica: Biuro Literackie, 2000)

JULIA FIEDORCZUK

KRÓLOWA ŚNIEGU

Dla Laury Riding

Ona ma swoje ogrody
I własną białą miłość.
Blask na dnie zimnych oczu
Przychodzi z serca nocy,
W którym zamarzł
Ostry odłamek dnia, jak kamień.

Jej pierwszy oddech zamarzł
Jak cenny biały kamień.
Niosła go sama, w nocy
Do miasta, do ogrodów,
Do chętnych błękitnych oczu –
To była zimna miłość.

Z serca polarnej nocy
Przyszedł wiatr, zamarzł
Głos, a w ciszy przecież miłość
Nie potrzebuje oczu.
Królowa niosła biały kamień,
Pod śniegiem zasnęły ogrody.

Gwiazdy, to były jej oczy.
A granatowy płaszcz nocy –
Jej rozłożysty dom. Zamarzł
Wiele lat temu. Miłość,
Pod ziemią, jak kamień
Zasnęła; nad nią zakwitły ogrody.

Z ziemi białej jak kamień
Wyrósł liść i od razu zamarzł.
Jej zimowe ogrody
Zakwitają w nocy,
W oknie, które udaje miłość –
Dla gwiazd, dla jej jasnych oczu.

Więc to nie była miłość.
A ciepły sen królowej zamarzł
Na pierwszej szybie. Kamień
Potłukł sny, w środku nocy –

THE SNOW QUEEN

To Laura Riding

She has her gardens
And her own white love.
The glow in her cold eyes
Comes from the heart of night
In which froze
A sharp sliver of day, like a stone.

Her first breath froze
Like a precious white stone.
She carried it alone, at night
To the city, to gardens,
To willing blue eyes –
It was a cold love.

From the heart of the polar night
Came wind, froze
Voices, for in silence love
Needs no eyes.
The queen carried a white stone,
Under the snow slept gardens.

Stars, they were her eyes.
And the blue cloak of night –
Her spreading house. It froze
Many years ago. Love,
Underground, like a stone,
Fell asleep; above bloomed gardens.

From earth white as a stone
A leaf sprouted and froze.
Her winter gardens
Bloom at night,
In a window that pretends love –
For stars, for her bright eyes.

So it was not love.
And the queen's warm sleep froze
On the first pane. A stone
Shattered dreams, in the middle of the night –

Nie otworzyli oczu.
Nie uwierzyli w ogrody.

W nocy bał się jej oczu.
Kto zamarzł, zna jej ogrody –
I miłość białą jak kamień.

PAŹDZIERNIK NAD NARWIĄ

rzędy okien i krzeseł i padało
jakiś czas temu
te szalone domy
jak drabiny
w słońcu
kiedy o tym myślę
trochę trawy i znów
przeczuwam wspomnienia
uproszczone jak las.

ten dzień jest dobry w dotyku
i chciałabym zawsze
być wyspana i trochę głodna
i przejść po lodzie
na drugą stronę Narwi
gdzie kiedyś rozegrał się
twój sen
i byliśmy boso
na śniegu

LISTOPAD NAD NARWIĄ

> *and then we'll come down*
> *and have a hangover*

Mimo wszystko lubię widok z tamtego okna
kiedy wstajemy zdrowi a rybacy palą papierosy
wzdłuż rzeki. Myśli rozpełzają się po polach
przełażą przez płoty i odjeżdżają tą szosą
naprzeciwko domu. Nam pozostaje
niedorzeczna radość wczesnego dnia

They didn't open their eyes.
They didn't believe in the gardens.

At night he feared her eyes.
Who froze, must know her gardens –
And love white as a stone.

OCTOBER ON THE NAREW

rows of windows and chairs and it rained
some time ago
these crazy houses
like ladders
in the sun
when I think of it
some grass and again
I intuit memories
simplified like a forest.

this day feels good to the touch
and I'd like to be always
well-rested and a bit hungry
and walk across the ice
to the Narew's other side
where your dream
happened
and we were barefoot
in the snow

NOVEMBER ON THE NAREW

> *and then we'll come down*
> *and have a hangover*

In spite of all I like the view from that window
when we get up sound and anglers smoke cigarettes
along the river. Thoughts crawl off across fields
scale fences and leave taking that road
opposite the house. We're left
with the irrelevant joy of an early day

jak leśna perlistość pajęczyn
lub wzruszająca lepkość mokrej ziemi.
Tyle tych słów! A czasem
więdną w starych książkach albo
więzną w gardle gdy wspomnienia
ciepłe jak popiół z ogniska
w ciemnym i pustym już lesie
stawiają cię pod ścianą
do góry nogami. Od rana coraz śmielej
odzywa się noc. Gdzie na lodzie jest miejsce
ze snu? Zaraz spoważnieją drzewa więc
staram się cieszyć wstecz. Zmierzch
szybko stygnie w twoich oczach. I zaraz
spadnie deszcz.

like the pearliness of forest spider-webs
or the touching stickiness of wet earth.
So many words! Sometimes
they wither stuck in old books or
stick in our throats when memories
warm as bonfire ash
in a dark and already empty forest
stand you against a wall
upside down. Since morning ever bolder
is night's speech. Where on the ice is the spot
from the dream? Soon trees will grow sombre
so I try to rejoice in reverse. Dusk
cools fast in your eyes. And rain
is about to fall.

Translated by Tadeusz Pióro

DAREK FOKS was born in 1966 and lives in Skierniewice. He is the managing editor of *Aktivist*, and previously worked at *Literatura na Świecie*. His novel *Mer Betlejem* will be published in 2003 by Biuro Literackie/Port Legnica. A collection of short stories, *Pizza weselna* [*Wedding Pizza*] appeared in 2000, and *Orcio*, a novel of 16 pages, in 1999.

His publications include:
Wiersze (Poems) (Skierniewice: WDK, 1989)
Wiersze o fryzjerach [*Poems about Barbers*]
(Lublin: Multico, 1994)
Misterny tren [*Mystery Threnody*], (Lublin: *Kresy*, 1997)
ezra pub (Legnica: Centrum Sztuki – Teatr Dramatyczny, 1998)
Sonet drogi [*Road Sonnet*] (Legnica: Biuro Literackie, 2000)

DAREK FOKS

DUPA MARGARET TISCHNER

Kiedyś w Opolu
wypiliśmy parę piw z Krawczykiem
a ja tak ładnie
śpiewałam jego przeboje
że już nigdy nie podpisał mi nowej płyty
tak było w Opolu

z kolei w Kołobrzegu
było głośniej
nikt tam nigdy nic nie śpiewał
a i tak było głośno
to była szafa grająca, jasna sprawa
człowiek wiedział za co płaci

w Sopocie płaciło się właściwie bez przerwy
ja przeważnie płaciłam za dużo
zabawnie było płacić wszystkim
za wszystko
to było jak zapasy

to znaczy prawdziwe zapasy
były w Jarocinie
to znaczy szło się do namiotu z punkiem
no cóż to są zapasy
cała różnica w tym że lepsze to niż z hipisem

jechałam sobie jezdnią
po Gdańsku
i przejechałam syna Lecha Wałęsy
świeżo przybyłego z Oliwy
spodobały mu się moje opony
obojgu nam podobały się te opony

później we Wrocławiu poznałam sprzedawcę polis
i to wybiło mi z głowy myśli o śmierci
to było jakby cię ktoś kupił
za dychę
jak coś co kosztuje tyle ile kosztuje
a on to kupuje za dychę

a w Katowicach złapałam straszny
dół zabawnie było posługiwać się szpadlem

MARGARET TISCHNER'S ASS

Once in Opole
I had a few pints with Krawczyk
and I sang his hits
so prettily
he never signed another record for me
that's how it was in Opole

the way it was in Kołobrzeg
was louder
no one sang anything there
and it was loud anyhow
it was a jukebox, sure thing,
you knew what you were paying for

in Sopot you never stopped paying
I usually paid too much
it was funny paying everyone
for everything
it was like wrestling

I mean the real wrestling
happened in Jarocin
I mean you'd go to a tent with a punk
now that's wrestling
difference is better that than with a hippie

I was driving along the street
in Gdańsk
and I ran over Lech Wałęsa's son
fresh from Oliwa
he liked my tyres
we both liked those tyres

later in Wrocław I met an insurance salesman
and that put all thoughts of death out of my head
it was like someone bought you
for ten bucks
like when something costs what it costs
and he gets it for ten bucks

and in Katowice I got into a major
hole it was funny using a spade

tyle że pojawiły się bąble
i rosły jak brzuch tego z Wrocławia
drożejąc niczym piwo

ale zawsze kochałam Kraków
te dłonie co obmacują człowiekowi dupę w tramwaju
nie, to był autobus
a dupa tak czy owak jest niezła
żeby chociaż przestali sprawdzać bilety

i Lublin gdzie widziałam Krzysztofa
Cugowskiego „Heideggera sztuki wokalnej" tyle
że brzmiał jak Nietzsche z Woronicza
nie znałam jeszcze historii telewizji
nie to żeby mi później podłączyli kablówkę

a jeśli masz ochotę przejechać się
po Warszawie
to już lepiej przejedź się po Szprotawie
to jest jak Wall Street w Żyrardowie
nie wiesz gdzie jedziesz
ale rymujesz

a potem w Łodzi wiedziałam
jak zachować się z klasą rozłożyłam nogi
i bałam się miłości i śladów jej butów na śniegu
i czułam zimny powiew zapomniałam
o prezerwatywach w portmonetce
to była miłość i trochę zesztywniałam

(15 października 1997)

MY, KOLEDZY DANTEGO

Dante jak Cortez zaparkował w kałuży,
postawił stopę na krawężniku
i rzuciwszy okiem na szyld, wszedł
mamrocząc: „Człowieku,

zrób coś z tymi pierdolonymi literami,
bo zacznę parkować gdzie indziej".

except I got blisters
and they grew like the gut of the guy from Wrocław
like the price of a pint

but I always loved Kraków
those hands feeling your ass on a tram
no it was a bus
well the ass isn't bad anyhow
if they'd just stop checking tickets

and Lublin where I saw Krzysztof
Cugowski "the Heidegger of vocal art" except
he sounded like a public TV Nietzsche
I didn't know the history of television then
not like I got cable for free later

now if you feel like a ride
through Warsaw
you'd better just drive across Szprotawa
it's like Wall Street in Mława
you don't know where you're going
but you rhyme

and in Łódź I knew
how to do a class act I spread my legs
and feared love and its bootprints on the snow
and I felt a cold draught I forgot
about the condoms in my purse
it was love and I grew a bit stiff

(15 October 1997)

WE, DANTE'S FRIENDS

Like Cortez, Dante parked in a puddle
put a foot on the curb
and with a glance at the sign went in
muttering: " Man,

do something about those fucking letters
or I'll park somewhere else."

Człowiek za barem powiedział: „Pojawiasz się
jak gęsia skórka podczas walenia kupy

o poranku, Dante, a ja, jak ostatnia cipa,
podaję ci piwo, za które, jak mniemam,
zapłacisz gotówką". Dante zapytał:
„Masz na myśli kręcenie batona, Człowieku?"

A my na to: „Dante, Człowiek ma na myśli
stawianie klocka, tak jak myślisz".
My, koledzy Dantego, musimy mówić
takie rzeczy, żeby jakoś związać

Człowieka z Dantem. A Dante swoje:
„Pies jebał gramatykę, chłopaki,
ale czy kupilibyście farby tam
gdzie on? Co słychać? Piwo w porządku?

Człowiek jakiś niewyspany dzisiaj. Pewnie
pisał całą noc i gówno mu z tego wyszło."
Łyknął, postawił piwo na stole i usiadł:
„Posunąłem ją, chłopaki". Dante, stary

dobry Dante, posunął ją. Człowiek powiedział:
„Jeżeli mówi, że ją posunął, to znaczy,
że ją posunął". Zawsze mówiliśmy
Człowiekowi, żeby zapisywał to, co mówi

zza baru, i że mu to wydrukujemy. Nigdy
nie wysłuchał nas do końca.
Podobno robimy literówki. Zabrałem głos
w imieniu kolegów: „Człowiek sporo wie,

ale powiedz nam, Dante, jak było naprawdę".
Po dłuższej chwili zbędnego namysłu
Dante przystąpił do wykonania dzieła,
używając własnych materiałów i narzędzi.

From behind the bar, Man said: "Dante,
you show up like goosebumps

at a dawn defecation and I like a cunt
serve you beer for which, I assume,
you will pay cash." Dante asked:
"Do you mean taking a dump, Man?"

And we said: "Dante, Man means
number two, like you were thinking."
We, Dante's friends, must say
such things to bind Man

to Dante. And Dante keeps at it:
"Grammar be fucked, fellas,
but would you buy your paints
where he does? What's new? Beer OK?

Man looks like he didn't sleep. Probably
spent all night writing and came up with a turd."
He took a swig, put down his beer and sat:
"I gave it to her, fellas." Dante, good

old Dante, gave it to her. Man said:
"If he says he gave it to her, that means
he gave it to her." We always told
Man to write down what he says

from behind the bar and that we'd print it
for him. He never heard us out.
They say we make typos. I spoke
for my friends: "Man knows a lot,

but tell us, Dante, how it really was."
After a long moment of unneeded reflection,
Dante got down to the job
using his own tools and materials.

ŻEGNAJ, HAIKU

W torbie masz bułkę z masłem
i żółtym serem, butelkę soku
i chusteczki higieniczne. Paszport

nie będzie ci potrzebny. Tutaj
masz bilet i wczorajszą „Wyborczą".
Dzisiejszej jeszcze nie przeczytałem.

Wysiądziesz na Głównym
i pójdziesz na tramwaj. To są drobne
na bilet. Ulgowy sobie kup.

Na reklamy się nie gap, bo od tego
zgłupiał twój starszy brat.
Nie łap dziewczyn za cycki,

bo dziewczyny tego bardzo
nie lubią. Szczególnie w czasie
narzeczeństwa, które u Słowian

trwa zdecydowanie dłużej
niż u nas. Ciotce Marii powiedz,
że ją bardzo kochamy

i wpadniemy do niej z matką,
jak tylko matka wyjdzie z hospicjum.
Jeśli ciotka Maria zapyta

o Mariolę, to powiedz,
że Mariola sprzedaje samochody
i nie ma czasu na utrzymywanie

stosunków rodzinnych. Zdjęcie
Marioli masz w portfelu.
Jeżeli spotkasz złego księcia,

to poderżnij mu gardło nożem
a nie wierszem. Zero wiersza.
Nóż masz w prawej kieszeni, Haiku.

FAREWELL, HAIKU

In the bag you have a roll with butter
and cheese, a bottle of juice
and tissues. A passport

won't be necessary. Here's
your ticket and yesterday's paper.
I haven't read today's yet.

You'll get off at Central
and take a tram. Here's change
for the ticket. Get reduced fare.

Don't gawk at the ads, your older
brother went crazy from that.
Don't grab the girls' tits

because girls don't like that
at all. Especially during the engagement
period, which among Slavs

lasts much longer than here.
Tell Aunt Mary
we love her very much

and we'll drop in with mother
as soon as mother leaves the hospice.
If Aunt Mary asks

about Mariola, tell her
Mariola is selling cars
and has no time for family

relationships. Mariola's
picture is in your wallet.
If you meet the evil prince,

cut his throat with a knife,
not a poem. No poems.
The knife's in your right pocket, Haiku.

Translated by Tadeusz Pióro

MARIUSZ GRZEBALSKI was born in 1969, lives in Poznań and works in a publishing house. He was the editor-in-chief and co-founder of *Nowy Nurt*.

His publications include:
Trwanie nieodparte [*Irresistible Lingering*], 1989
Negatyw (*Negative*) (Ostrołęka: Pracownia, 1994)
Ulica Gnostycka [*Gnostic Street*] (Poznań:
                                                    Obserwator, 1997)
Drugie dotknięcie [*Second Touch*] (Legnica: Biuro
                                                    Literackie, 2000)

MARIUSZ GRZEBALSKI

POCZĄTEK

Światło lamp ustępowało
przed napierającą od strony osiedli ciemnością.

Po tamtej stronie bunkrów ona z trawy wstała,
poprawiła zmiętą sukienkę.

Jej zielone kolana – dlaczego tak go rozśmieszyły?
I skąd smutek, który naszedł nas, małoletnich podglądaczy,

kiedy w jakiś czas później zebrali się do odejścia?
Gdy wracaliśmy, wiatr unosił nad drzewami obce przekleństwa,

śmiechy pijanych słychać było od niewidocznych w ciemności rowów
i szyba pękała w obrabianym kiosku.

RZEŹNIA

U nas wszystko po staremu.
Byłem nierozsądny, sądząc, że może być
     inaczej.

Morze ma kolor schodzonego munduru.
     Mógłbyś je wycisnąć, wciągnąć przez głowę
i nosić jak sprany sweter.

Ustawiamy piramidę ze skrzynek, palimy
     tanie papierosy, śmiejemy się z pijaków na ławce.
Kundle biegają wkoło, roznosząc gówna.

Już dawno przestaliśmy przypominać ludzi.
     Nie mamy oporów, śmierdzimy mięsem.
Jutro ani pojutrze nie czeka nas nic ciekawego.

Na rampie różowe motyle świńskich uszu
     czekają na odlot.

BEGINNING

Street light gave way
to darkness thrusting from the projects.

On the bunkers' far side, she got up
off the grass, smoothed her wrinkled dress.

Her green knees – why did they make him laugh?
And the sadness that came over us, underage

voyeurs, when later we got up to go?
On our way back, the wind carried strange curses

above trees, drunken laughter rang from ditches unseen
in the dark and glass shattered in a cleaned-out display.

SLAUGHTERHOUSE

Same old same old here.
I was foolish to think it might be
    otherwise.

Sea the colour of a faded uniform.
    You could wring it, pull it over your head
and wear it like a frayed sweater.

We pile the crates into a pyramid, smoke
    cheap cigarettes, laugh at the winos on the bench.
Mutts run around distributing shits.

We've stopped resembling humans long ago.
    No inhibitions. We stink of meat.
Nothing of interest awaits us tomorrow or the day after.

On the ramp, the pink butterflies of pigs' ears
    await take-off.

DWIE KOBIETY

idą w kierunku sklepu wydeptaną w trawie ścieżką.
Co za szaleństwo światła nagle na ich taftowych bluzkach!
Słońce musiało biec do nich po dwa kroki na raz,

by teraz na placach kręcić się w miejscu.
I jak narzekają na dwójkę umorusanych chłopców,
którzy plącząc się wokół ich przeładowanych siatek,

przeszkadzają obgadywać nowego księdza.
Wiatr wypchnął kurz na jezdnię i piskliwe głosy kurcząt
z pobliskiej farmy znów słychać wyraźnie –

zupełnie jakby chciały zagadać to senne popołudnie,
kiedy spełnia się wreszcie spóźniony wiosenny przypływ,
a oddech przystaje na granicy płuc, drobiąc stopami

i zadzierając sukienkę. O tak, nie wiemy dobrze, co mówimy,
ale to dopiero nasze czyny wprowadzą nas w prawdziwą rozterkę.
Niebo przeleci nad nami parę razy, jak spóźniony listonosz,

gubiąc po drodze za duże sandały – na tym koniec zabawy.
Zostaną wypalane ścierniska i wzgórza wiosną,
Potem jesień przyjdzie, jej małe kłamstwa,

prawione na okrągło, który to już rok?

GRAFFITI

Chłopiec, który na strzelnicy kupował
plastykowych motocyklistów i z matką
w Boże Narodzenie przebijał się przez śnieg
w drodze do stajenki – umarł.

Zszedł pod wodę i zarosła go trzcina,
Ciemna i gęsta, jak wnetrze płuc zwierzęcych.
Teraz porusza się wewnątrz powietrznego pęcherzyka.
I ty byłeś chłopcem, przechodniu.

TWO WOMEN

are walking towards the store on a path trodden through the grass.
What sudden madness of light on their taffeta blouses!
The sun must have run at them two strides

at a time to turn on its toes now in place.
And how they nag at their two scruffy boys
who, bumping into over-loaded shopping bags,

make it hard to pick holes in the new priest.
The wind has pushed dust into the street and chicken squeals
from the nearby farm are again clearly audible –

as if they wanted to talk down this sleepy afternoon,
when the overdue spring tide is finally full
and breath stops at lung-edge, mincing

and raising skirts. Indeed, we know not what we say,
but only our deeds shall lead us into a real dilemma.
The sky will fly over us like a tardy postman,

losing too big sandals along the way – and game's over.
Smouldering stubble fields and spring hills will remain
then autumn will come with its minor lies

told over and over, how many years now?

GRAFFITI

The boy who used to buy
plastic bikers at the arcade range
and with his mother at Christmas
slogged through snow to the stable – has died.

He moved under water and reeds grew over him,
dark and dense, like the insides of animal lungs.
Now he moves inside an air-bubble.
You, too, were a boy, passer-by.

POTEM

Potem wynieśliśmy jego meble. Na podwórku
   czekała ciężarówka gotowa do drogi.
W środku resztki cementu, splątane łańcuchy,
   szmaty, tłuste papiery, koce.

Tyle rzeczy – tak nagle – stało się śmieciem.
   Odwrócone krajobrazy lustra, kredens
z kolejnymi warstwami farby, które pękały
   jak rzeczne dno po ustąpieniu wody,

licznik sprawdzany przez niego dzień przed
   wizytą inkasenta. Oraz inne. Potem
opuściliśmy to miejsce, krzycząc i kłócąc się
   o drobiazgi; nie obejrzała się nawet

na poszarpane odłamkami ściany. Potem, w innym
   mieście, podarła wszystkie zdjęcia i listy
od niego i zestarzała się szybko. Wspomina, płacze,
   przeklina. Potem wyniesiemy jej meble.

WIDOK Z PODWÓRKA OD ŻYDKÓW

Dziadek umarł siedząc w fotelu,
jego oczy nie chciały się zamknąć.
Patrzył nieżywy na towarowy wagon
zarastający trawą przy bocznych torach

Łodzi Fabrycznej. Teraz żegluje w głąb ziemi,
zamknięty w rzeźbionym futerale trumny,
jak drogocenny instrument, który niewidzialne dłonie
podają wciąż dalej i dalej. W tamtym domu

obcy ludzie mieszkają. Bazar zlikwidowany,
złodziej rowerów w pudle, czerwone plomby cegieł
w bramie tramwajowej zajezdni. Fontanna za bramą
też bez życia, za to pełna śmieci i zgniłych liści.

Patrzę na usychającą pod oknem morwę.
Ogień płonie w moim kiernunku.

THEN

Then we took out his furniture. In the yard
    a truck waited, ready to go.
Inside, cement leftovers, tangled chains,
    rags, greasy papers, blankets.

So many things – all at once – became refuse.
    The reversed landscapes of a mirror, the cupboard
with successive layers of paint cracked
    as a river-bed when water retires,

the meter he checked the day before
    the reader was due. And others. Then
we left that place, shouting and quarrelling
    over little things; she didn't even look

back at the pockmarked walls. Then, in another
    city, she tore up all the photographs and letters
from him and grew old fast. She remembers,
    cries, curses. Then we'll take out her furniture.

THE VIEW FROM THE JEWS' YARD

Grandpa died in an armchair.
His eyes wouldn't shut.
Lifeless, he looked at a freight car
grassing over by the sidetracks

of Łódź Fabryczna. Now he's sailing deep
into the earth, shut in a coffin's carved case
like a precious instrument passed on and on
by invisible hands. In that house

live strangers. The market's gone,
the bicycle thief's in the lock-up, red bricks stop
the entrance to the tram depot; past the gate,
the fountain, also lifeless, but full of junk and rotten leaves.

I look at the mulberry tree withering outside.
The fire burns towards me.

Translated by Tadeusz Pióro

JERZY JARNIEWICZ was born in 1958 and lives in Łódź, where he teaches at the English Department of the University of Łódź. He is also an editor at *Literatura na Świecie*. The author of two collections of critical essays on British literature, he is currently completing a book about Seamus Heaney.

His publications include:
Korytarze [*Corridors*] (Łódź: Wydawnictwo
                                    Łódzkie, 1984)
Rzeczy oczywistość [*The Self-Evidence of
            Things*] (Łódź: Wydawnictwo Łódzkie, 1992)
Rozmowa będzie możliwa [*Connection Will Be
                        Made*] (Łódź: Biblioteka, 1993)
Są rzeczy których nie ma [*Things that Are Not*]
                        (Łódź: Biblioteka, 1995)
Niepoznaki [*Covering up the Traces*] (Legnica:
                        Biuro Literackie, 2000)
Po śladach [*In the Wake*] (Łódź: Biblioteka, 2000)
Dowód z tożsamości [*Proof from Identity*]
                (Legnica: Biuro Literackie, 2003)

JERZY JARNIEWICZ

APRÈS NOUS

przegapiliśmy tę chwilę
kiedy wtorek przemienił się w środę

położyłaś głowę na stole
pośród szklanek i pustych talerzy

nie ruszasz się nie oddychasz
pewnie śpisz

obok noża ze śladami masła
które jeszcze wczoraj nie było takie żółte

za chwilę dopadnie nas tupot nóg
i nie będę miał wyjścia

albo wstaniesz
albo będę musiał wyjść

po bułki

PRZEZ ŚCIANĘ

Zrobiło się jasno. Dziesięć sekund.
Piorun musiał uderzyć na Bałutach.

Albo z drugiej strony,
tak samo daleko. Chojny?

Nie ma kierunku,
kiedy drżą szyby a światło spada

na Łódź na chwilę. Pod oknem
przejechał samochód, a ty śpisz

po omacku przez ścianę i nie pytasz
ani skąd, ani dokąd.

APRÈS NOUS

we missed the moment
when Tuesday changed to Wednesday

you laid your head on the table
among the glasses and empty plates

you don't move don't breathe
you must be sleeping

next to the knife with traces of butter
that even yesterday wasn't that yellow

in a moment the clatter of feet will reach us
and I'll have no way out

either you get up
or I'll have to go out

for rolls

THROUGH THE WALL

It was all bright. Ten seconds.
The lightning must've hit Bałuty.

Or in the other direction,
the same distance. Chojny?

There are no bearings
when the panes rattle and light falls

on Łódź for a moment. Under the window
a car's drawn up, but you're sleeping

reaching blind through the wall and don't ask
where from, where to.

NIEPOZNAKI

wyszedł żeby przyjść
nad ranem

kiedy dzień się zaczynał
i było po wszystkim

samochód stał we względnym bezruchu
w ramach okna

zamykałem na przemian to lewe to prawe oko
przesuwając twój cień

ze ściany na framugę drzwi
i z powrotem

ręka była z ołowiu
a sweter grzał jak kaloryfer

twoja astra bez powodu
zaczęła wzywać pomocy

tonem nie do przyjęcia
o tej nieludzkiej porze

niepotrzebnie tu przyszedł
pomylił się

nie mogłaś powiedzieć tego
poważnie

COVERING YOUR TRACES

he went out to come
at dawn

when the day had begun
and it was all over

the car stood relatively motionless
in the window's frame

I alternately closed left eye right
shifting your shadow

from the wall to the door frame
and back

my hand was like lead
but the sweater worked like central heating

for no reason your astra
began to cry for help

in an unacceptable tone of voice
at this inhuman hour

he came here for nothing
he made a mistake

you couldn't have meant it
seriously

Translated by David Malcolm

KRZYSZTOF JAWORSKI was born in 1966 and lives in Kielce, where he teaches Polish literature at the local teachers' college. He is the author of a book on the Polish Futurist poet Bruno Jasieński, a novel entitled *Pod prąd* [*Against the Current*], two collections of short stories, a play and several screenplays.

His publications include:
Wiersze 1988-92 [*Poems 1988-92*] (Warszawa:
                                        bruLion, 1992)
5 poematów [*5 Long Poems*] (Kielce, 1996)
Jesień na Marsie [*Autumn on Mars*] (Legnica:
          Centrum Sztuki – Teatr Dramatyczny, 1997)
Czas triumfu gołębi [*Triumph of the Doves*]
                          (Wrocław: Pomona, 1999)
Hiperrealizm świetokrzyski [*Hyperrealism of the
     Świętokrzyski Region*] (Białystok: Kartki, 1999)

KRZYSZTOF JAWORSKI

KIEDYŚ BYŁEM SZCZUPŁYM FACETEM

Kiedyś byłem szczupłym facetem.
I utyłem jak Elvis.
Mama, żona i Sendecki mówią:
Jaworski, ależ ty masz piersi (z tym,
że mama mówi do mnie „synu"). To nie piersi,
koledzy, odpowiadam, lecz mięśnie. Aktualnie
znajdują się w stanie spoczynku (z tym,
że do mamy mówię
„mamo").
Cały Elvis.
Nie mam nic do powiedzenia, a śpiewał nie będę.

SZÓSTA RANO. LUSTRO NIE ŻYJE

Wierzę w samotność i ideały. Przed rokiem
podarowali mi książkę z dedykacją, wczoraj
bez dedykacji, a dzisiaj poszedłem na całość
i kupiłem sobie lizaka z tatuażem. Mówią, że jestem
jak stary, owłosiony ideał: nie stać mnie na książki,
lizaka wylizałem do zera, został mi tatuaż.
A niech mówią.

Z miejsc wyznaczonych przez instrukcję
wybrałem czoło. Tatuaż jest z misiem,
ale przymusu nie ma.
Jest szósta rano. Lustro nie żyje.
Zabijmy coś jeszcze.

THE BEST KIEŁBASY IN THE USA

To też, oraz ostatni numer „Partisan Rewiev"
(zresztą tutaj wszystko „rewiev" ,
pisze Grzesiek) z tą elegią dla Brodskiego,
a szczególnie z rymem „tea: B", którego
nie powstydziliby się sami Beavis & Butthead
(druga zwrotka, 4 wers).
Czy jest jakieś osobne piekło dla twórców elegii?
Jak na razie mój poetycki ranking obejmuje: 2 Stupid Dogs

I USED TO BE A SLENDER GUY

I used to be a slender guy.
And I put on weight like Elvis.
Mother, my wife and Sendecki say:
Jaworski, you should see your breasts (except
Mother says 'Son.') Not breasts,
my friends, I reply, but muscles. At present
in retirement (except
I call Mother
'Mother.')
Just like Elvis.
I've nothing to say, refuse to sing.

SIX IN THE MORNING. MIRROR DEAD

I believe in solitude and ideals. A year ago
they gave me a signed copy, yesterday's was
unsigned and today I went the whole hog
and got myself a lollipop with a tattoo. They say
I am like an old, hairy idol: can't afford books,
lollipop's licked to extinction, all I've left is the tattoo.
Let them talk.

The instruction lists a number of spots:
I've selected the forehead. It's a teddy bear
tattoo, but other choices are available.
It's six in the morning. Mirror's dead.
Let's kill something else.

THE BEST KIELBASA IN THE USA

This too, plus the latest issue of *Partisan Review*
(everything's "Review" here anyway,
writes Grzesiek) with that elegy for Brodsky
and in particular the "tea: B" rhyme which
would do Beavis and Butthead proud
(second stanza, line four.)
Is there a separate hell for elegists?
Thus far, my list of poetic favourites is comprised

oraz Cow & Chicken. O prawdziwym świecie nie trąbią
w telewizji. Czasami tęsknię za krajem,
w którym ludzie nosiliby
piękne imiona.

MONODRAM

A jednak nie jestem taki znowu nieznany.
Na przykład dzisiaj, kiedy poprosiłem o butelkowe żywce,
ekspedientka od razu do mnie: o, co za odmiana?
(A ile puszka zajmuje miejsca?)
Najbardziej chciałbym mieć psa.
(Pies zajmuje mniej miejsca niż koń).
Chciałbym mieć psa wielkiego jak koń.
Wtedy nie musiałbym z nim nigdzie wychodzić.
Nie zmieściłby się na schodach.
Lubię wychodzić, kiedy ulice są puste.
Gdybym miał psa, miałbym do kogo wracać.
Szczególnie, że nie musiałbym nigdzie wychodzić.
Gdybym miał psa, miałbym psa bez imienia.
Ciekawe, czy ktoś przede mną miał psa bez imienia?
Ciekawe czy pies bez imienia potrafi szczekać?
Moje wiersze są smutne jak pies.
Może nie tyle smutne, co wierne.
Myślenie daleko nie prowadzi.
Chętnie odpowiedziałbym na jakąś ankietę.
Ale nikt nie przychodzi z żadną ankietą.
Najchętniej odpowiedziałbym na ankietę poświęconą psom.
I żeby tam były pytania o koniach.
Mnóstwo pytań, nad którymi trzeba długo myśleć.
Chodzą z tymi ankietami, żeby mnie przygnębić.
Chodzą i chodzą.
A do mnie nie przychodzą.
Ktoś nas oszukuje.
Tym światem.

WYWIAD Z KOWBOJEM

Nie chciałem służyć w Wojsku Końskim i musiałem udawać
chorego umysłowo.

of 2 Stupid Dogs and Cow & Chicken. They don't trumpet
the real world on television. Sometimes I long
for a country where people have
beautiful names.

MONODRAMA

I'm not that unknown after all.
Today, for instance, when I asked for bottled beer
at the store, the woman said: Why, what a change!
(Cans take up less room, don't they?)
Most of all, I'd like to own a dog.
(Dogs take up less room than horses).
I'd like to own a dog the size of a horse.
So I wouldn't have to go out with him.
He wouldn't fit on the stairs.
I like to go out when the streets are empty.
If I had a dog, there'd be someone I'd come home to.
Especially since I wouldn't have to go out.
If I had a dog, I'd have a dog with no name.
I wonder if anyone before me has had a dog with no name?
I wonder if a dog with no name can bark?
My poems are sad as a dog.
Maybe not so much sad, as faithful.
Thinking doesn't get you far.
I'd like to take part in some survey.
But no survey takers come to me with any survey.
Most of all I'd like to take part in a survey about dogs.
One that has questions about horses.
Lots of questions about which I'd have to think long and hard.
They go around with these surveys just to depress me.
Round and round.
And don't come to me.
Someone's cheating us.
With this world.

INTERVIEW WITH A COWBOY

I didn't want to serve in the Horsish Army
So I had to pretend mental illness.

Chociaż cholera wie, czy czasami nie byłem chory umysłowo.
Przecież nawet w Wojsku Końskim służyć nie chciałem.

Do Indian też miałem stosunek obojętny.
A wszyscy mówili, że taki Indianin to zawsze spadnie na
cztery pejsy.

Szczerze mówiąc, to mało mnie obchodzi, kto na co tam spada.

Za siodło też bym życia nie oddał.

Nie chwyta mnie za serce falująca na wietrze końska grzywa.
Nie inspiruje mnie tętent, nie zachwyca rżenie.

Konie kojarzą mi się raczej ze smrodem.

Żadnych zachwytów.

Tylko muchy unoszące się nad krowim zadem.
Jedyne co rozpala wyobraźnię tutejszych artystów.

Mojej nie rozpala.

Głównie piszą piosenki o szeryfach.
Piszą piosenki o szeryfach, które wyciskają im łzy z oczu.

Co, po kowbojsku nie rozumiesz?

Powiesili mnie ostatniego dnia grudnia.
Tu na tym martwym drzewie.
Zwisam intrygująco jak worek kartofli.
Wiatr szlifuje mój głupi łeb.

NOC. ABSOLUTNA CIEMNOŚĆ

Czy można zacząć dzień od koniaku?
Można.
Ma się rozumieć, że można.

Potem wsiadasz na swego wiernego konia.
Powiedzmy nazywasz go Senor.
I mkniesz ku zachodowi słońca, dopóki ci sombrero z głowy

But shit, who knows I wasn't mentally ill:
I didn't even want to serve in the Horsish Army.

Plus my attitude towards Indians was one of utter indifference.
And everyone said those Indians always land on four side curls.

Frankly, I don't much care who falls on what.

Neither would I give my life for a saddle.

A wind-blown horse's mane does not move me.
The beating of hooves does not inspire me nor am I enraptured
by neighing.

I associate horses mostly with a bad smell.

No raptures.

Just flies above a horse's tail.
The only thing that fires the imagination of the local artists.

Doesn't fire mine.

They write songs chiefly about sheriffs.
They write songs about sheriffs which bring tears to their eyes.

What, you don't understand Cowboy?

They hanged me on the last day of December.
Here on this dead tree.
I hang intriguingly like a sack of potatoes.
Winds polish my stupid head.

NIGHT. UTTER DARKNESS

Can you start the day with a brandy?
Yes, you can.
Of course you can.

Then you mount your faithful steed.
Let's say you call him Senor.
And you ride into the sunset until you lose

nie spadnie.
Wcześniej dziabiesz Senora ostrogami po bokach.
Co prawda wolałbyś kopnąć go w dupę,
ale nie chce się przecież schodzić z konia.
Poza tym, skoro już masz te ostrogi.

Najszybszy rewolwer.
Najtwardsza pięść.
Najbardziej popsute zęby.
Na swym wiernym koniu.

Kropla potu spływa z czoła,
aż po tatuaż z napisem
„L'amour est enfant de bohème".

Bang. Bang. Bang. Bang.

Pamiętaj o ostrogach.

Każdy mówi do momentu, w którym napisy końcowe nie
przesłaniają twarzy.

I tak jest sprawiedliwie.

DRAŻNIĄCE PRZYJEMNOŚCI

Tyle już zrobiliśmy dla tej biednej poezji,
a Brodski cofnął ją fatalnie. Murzyni też
wyrządzają jej krzywdę. I Czesław.
Pomyl mnie z gwiazdami, albo z księżycem,
śpiewałem, chociaż raz pomyl mnie z
mężczyzną, którego przygniótł automat do coca-coli;

to życie jest takie przygniatające.
W nocy spadł śnieg i przykrył wszystko.
Tak tu już jest, że jedno musi być
na drugim. Inaczej nic nie ruszy do przodu.
O, kiedyż skończy się to szaleństwo? pyta
on, ten najbardziej do przodu, nieporuszony.

your sombrero.
But first you jab at Senor's sides with your spurs.
You'd prefer to give him a kick in the ass
but don't feel like dismounting.
And since you've got those spurs already.

Fastest gun.
Tightest fist.
Most rotten teeth.
On your faithful steed.

A bead of sweat runs down your forehead
all the way to the tattoo that says
"L'amour est enfant de bohème."

Bang. Bang. Bang. Bang.

Remember the spurs.

Everyone speaks his lines until the credits
roll over his face.

And justice is done.

ANNOYING PLEASURES

We'd done so much for that poor poetry already
and lethally Brodsky turned back the clock. The Blacks
are hurting her, too. And Czesław.
Take me for the stars or the moon,
I sang, just this once take me for a man
crushed by a Coke machine;

this life is so crushing.
Snow fell at night and covered everything.
That's how it is down here, one just has to be
on top of the other. Otherwise – no progress.
Oh, when will this madness cease, asks
the one furthest in front, unmoved.

LISTY DO U.M.

dzisiaj czytałem trochę o nowej
lewicy i chcę czapkę przefarbować na czarno
wiesz tę z prawie oderwanym daszkiem i znowu
mamy wolny wieczór tradycyjne parę godzin
na rozmyślania i platoniczną erekcję tę która
przystoi tytanom ducha lecz pospolitej gawiedzi
nie przystoi wcale czyś rozmyślała kiedy
o męskiej erekcji pięknooka u.m. skazana
na pewne tradycyjne wieczory?
ja wiem o tym coś niecoś

MONSIEUR POLOGNE

Według znawców tematu, mój ulubiony poeta francuski
(nie mam ulubionych poetów francuskich) – Paul Verlaine –
(a dlaczego nie Charles Baudelaire?) – kochał się
beznadziejnie w prostytutce Eugenii Krantz. Prostytutka
była koszmarnie brzydka, a jej tłusta szyja
trzęsła się perwersyjne, kiedy biła biednego Verlaine'a,
gdyż lubiła wypić. (A kto nie lubi?) Tyle znawcy tematu.
A ja?
Najpierw idę na kawę, gdzie zamawiam kawę,
bo nie znoszę kawy. Potem gapię się, jak dwie baby
kupują sztucznego fiuta. Potem się nudzę, więc się gapię.
jak sprzedawca zachwala dwóm babom sztucznego fiuta.
Potem, według zaleceń podręcznika dla pisarzy,
usiłuję przekuć swój bagaż osobistych doświadczeń
na zdania złożone podrzędnie. Potem piję kawę, bo nic tak nie
wkurwia jak picie kawy. Potem kończę pić kawę, bo nic tak nie
wkurwia jak zdania złożone podrzędnie. Oraz postanawiam
nie dzielić się żadnym osobistym doświadczeniem. A obok
mnie siedzą: Dżinsowa Kurtka Z Napisem Iron Maiden,
Fioletowe Włosy i Kolczyki Na Sutkach. To właśnie z nimi
się nie podzielę w pierwszej kolejności. No i fiut z nimi.
Do kawy kupuję bułkę od pani od bułek, bo pani od bułek
zawsze się cieszy: „O, Monsieur Pologne..."

LETTERS TO U.M.

today I was reading about the new
left and I want to dye my cap black
you know the one with the peak almost torn
off and again it's our evening off the
customary couple of hours for meditation
and a platonic erection the kind
seemly for titans of the spirit but unseemly
for the rabble at all have you ever
meditated on a male erection u.m. of the
beautiful eyes sentenced to certain
customary evenings?
of this I know a thing or two

MONSIEUR POLOGNE

According to authorities, my favourite French poet
(I have no favourite French poets) – Paul Verlaine –
(why not Charles Baudelaire) – was hopelessly
in love with the prostitute Eugenie Krantz. The prostitute
was hideously ugly and her fat neck
wobbled perversely when she beat poor Verlaine
for she was given to drink (well, who isn't?). So much for the authorities.
And I?
First I go for coffee, where I order coffee,
for I can't stand coffee. Then I stare at two broads
buying a dildo. Then I'm bored so I stare
at the salesman pitching them the dildo.
Then, in accordance with the precepts of the writers' manual,
I try to beat the baggage of my personal experience
into hypotactic sentences. Then I drink coffee for nothing
pisses me off like drinking coffee. Then I finish my coffee for nothing
pisses me off like hypotactic sentences. Plus I decide
not to share any personal experiences. And beside
me sit: Denim Jacket With Iron Maiden Logo,
Purple Hair and Pierced Nipples. They're the first I won't
share my experiences with. Plus they can keep that dildo.
I buy a roll to go with my coffee from the roll lady
for the roll lady always says 'Oh, Monsieur Pologne...'

Zawsze się cieszy tak samo, bo zawsze tu kupuję. Teraz
to zrozumiałem. Znacznie później zrozumiałem,
że „Monsieur Pologne", to ja. Kto wie, czy nie policzą
mi tego na plus. Bułka przypomina fiuta
i zwą ją „paryska". Liczę to na minus. Kolejny dzień,
kolejny fiut, kolejna kawa, kolejna bułka, kolejne zdanie
podrzędnie złożone. Kocham to miasto, bo nikt tu nie mówi
o dolarach.
Będę pisał niezrozumiałe wiersze dla nikogo.

happily. She's always so happy because I always buy here. Now
I've figured it out. Much later I figured out
I was 'Monsieur Pologne.' Who knows but that might be
to my credit. The roll looks like a dildo
and is called a 'Parisienne.' Not to my credit. Another day,
another dildo, another coffee, another roll, another
hypotactic sentence. I love this town because no-one talks
about dollars.
I shall write incomprehensible poems for no-one.

Translated by Tadeusz Pióro

MARZANNA KIELAR, adjunct professor at the Academy of Special Pedagogy, was born in 1963. She has received many prestigious awards for her poetry, including the Koscielski Foundation Prize (Geneva, 1993). In 2002, she was awarded a scholarship from the International Writing Programme at the University of Iowa, USA.

Her publications include:
Sacra conversazione (Suwałki: Suwalskie
          Towarzystwo Przyjaciół Kultury, 1992)
Materia prima (Poznań: Obserwator, 1999)
In den Rillen eisiger Stunden [a bilingual publication of selected poems] (Germany, 2000)
Umbra (Warszawa: Prószyński i S-ka, 2002)

MARZANNA KIELAR

BRZEG

już od tamtej strony nie odgradza nas nic,

nawet mgły nad Bałtykiem i zimową plażą
które zniosły granice między żywiołami, rano, i dymią teraz
wysoko. Ani te stare łodzie wciągnięte na piach, ni lodowaty,

gorący

altostratus wody. Może jedynie
światło, poskręcane w oblodzone węzły, w linach
na promie – nim się wycofa i zmieni w ciężki gąszcz
w głębi chmur, intruzyjne złęgi;
ścinki blasku u wyjścia z zatoki, rozlewający się
samozapalny płyn… Kwilą ptaki niesione przez powietrzną falę,
szkli się stoliwo nabrzeża i pas kamieni, skorup
trawionych przez sól – jeszcze, przez mgnienie,

światło
wymieszane z bryzgami przyboju. W nierównym wietrze
jego spłoszony dotyk; płożą się jałowce
obrane z igieł: rafa, wykruszona

rozmywana przez wydmy

***

1.
cisza przedświtu rozcięta do kości, czekanie,
aż wróci chociaż wiatr i chmury zbiorą sadzę, szczelinami
nawieje światła;

aż błyśnie, choćby łyżeczka oparta o spodek, rozrzucone
papiery, pościel. I zajmie się suchym ogniem
wygasłe drewno odsłoniętych rzeczy

SHORE

nothing separates us from the other side any more,

not even the fog over the Baltic and the winter beaches
that abolished borders between elements, in the morning, and it
      smoulders
high up, now. Not even these old boats dragged up onto sand, nor
      the icy,

hot

altostratus of water. Perhaps only
light, tied up into iced-over knots, in ropes
on a ferry – before it pulls out and turns into a dense thicket
deep in cloud, shot-through with drifts;
shards of brightness at the bay mouth, spilling
self-igniting fluid… Birds twitter, carried on an air wave,
glazing the tabletop of beach and the strand of stones, shells
digested by the salt – still, for a blink,

light
blended with splashes of surf. In the intermittent wind
its startled touch; the junipers trail,
needles peeled off: the reef, crumbled away

washed over by the dunes

Translated by Darek Dawda

***

1.
the silence of daybreak cut to the bone, waiting
until only the wind returns and clouds collect soot, lights
drift through the crevices;

until brightness – if only on the spoon, the saucer, scattered
papers, the sheets – falls. And fills with a dry fire
the quenched wood of things laid bare

2.
podarte na pasy światło podtrzymuje drzewa, dymią
trzewia wody; świta. Światło jest ledwie szparą
w żeliwnej kadzi z ogniem –

NAD RANEM

budzić cię, nad ranem: ciężarem półsennych palców,
zanim zadzwoni budzik, przed podróżą; nim
dworcowe poczekalnie, perony

wezmą nas na własność, otoczą metalową powłoką,
zimnem. Światło dopiero montuje swoje instalacje,
z mroku wytrąca poskładane ubrania, książki
i sól

nadmorskiego brzasku
przesypuje się na wewnętrzny parapet. Chmury coraz mocniejsze,
skomplikowane: odmładzany masyw, z zawieszonymi gdzieś
kotłami dolin, dni; wietrzejące w pół skoku lawiny
nad skrzydłami mew, osuwisko mroku,
pamięci, która jak milimetrowy papier – zatrzymała drobiazgi,
unerwione okruchy; ten gest,

sposób, w jaki odpinasz pasek zegarka i zsuwasz
z przegubu, to już tylko zapis w czarnej skrzynce, znalezionej
na płyciźnie nocy, w strużynach
snu; dotyk jak otwieranie

zgłoski, przeciągnięcie jej w szept…
Obudzić się, słuchać –
jak zrywają się ścięgna tamtych godzin, i minuty wracają
i wiodą, już pozbawione chronologii

samoistne życie (drga magnetyczna igła:
pamięć)

2.
torn in strips the light sustains the trees, entrails
of water smoulder; day breaks. The sun is a mere chink
in a cast-iron vat with fire –

Translated by William Martin

IN THE MORNING

to wake you up in the small hours: with the weight of fingers half
      gone to sleep,
before the alarm clock rings, before the trip; before
the station waiting rooms, platforms

take possession of us, swathe in a metal husk,
in cold. Light has only just mounted its installations,
out of the murk it snatches away the folded clothes, books
and the salt tang

of a seaside dawn
spills over the sill inside. Clouds ever the stronger,
more complicated: a rejuvenescing massif, with cauldron valleys
hung somewhere, days; avalanches wearing away a half skip
above the gulls' wings, a landslide of dusk,
of memory which like blotting paper – frozen tiny details,
vigorous cramps; this gesture,

the way you unstrap your watch and slide it
off the wrist, now it is just an inscription in a black box found
on the shoal of the night, in the tailings
of a dream; touch like an opening

of a syllable, stretching into a whisper...
To wake up, and listen –
how the tendons of those hours break, and the minutes return
and lead spontaneous life already devoid

of chronology (the magnetic needle trembles:
memory)

Translated by Darek Dawda

***

jak ty umrzesz, taki do siebie przywiązany, ze słońcem
między igłami sosny, jasny dniu? Z tym

jaskrawym blaskiem w lusterkach samochodu
gdy wjeżdżam w leśną drogę; z czerwieniejącą kulą

nad pociemniałą, rozoraną ziemią
za stawami, nad bruzdą pola wrażliwą na dotyk stóp.
Gdy wiatr otwiera niebo – i żadnych śladów
w koronach drzew. Dniu –

z żółknącą pokrzywą na ścieżce, przy zejściu
do wody, z komarem, nieostrożnym, na moim nadgarstku
– umrę?, taka do ciebie przywiązana
i do nocy, do miłości; niebo jak okorowana kłoda

wgnieciona w darń na wzgórzach.
Pod nią dziurawe szczawie tłoczą się w mokrym pęku.
Wzrok wczepia się w obłok, w szarość – jej odwinięty
rozpalony brzeg

PSY

zwęszyły coś, więc zajrzałam pod liście funkii.
Zamknęłam psy i wzięłam z kuchni słoik –
żaba wtoczyła się do środka, powalana gliną
i chyba przerażona. Gdy niosłam ją do rzeki
przez podmokłe pole, przypomniał mi się fragment
czytany rano, o byciu w harmonii z życiem, bez idei
jakie powinno być, bez pragnień;

pozwól życiu być takim jakie jest i odpręż się –
przypominałam słowo po słowie, wypuszczając żabę,
w półcieniu
woda miała połysk woskowanego drewna
i dno zmielone na piach. Topik siedział w swojej
podwodnej stacji, w dzwonie pajęczyny.

***

how will you die, bright day, so attached to yourself, with the sun
between pine needles? With this

flash of radiance in car mirrors
as I drive into a forest road; with a reddening ball

over the darkened, ploughed over soil
with ponds, over the furrow of the field sensitive to the touch of feet.
When the wind opens the sky – and not a trace
in the canopies of trees. Day –

with a nettle yellowing on the path by the slope
down to the water, with a mosquito, careless on my wrist
– will I die? so attached to myself
and to the night, to love; sky like a trunk stripped of bark

pressed into the turf on the hills.
Underneath pocked spinach crowded into a wet bunch.
The gaze clawing at a cloud, onto the grey – its unbundled
blazing shore

Translated by Darek Dawda

THE DOGS

smelled something, so I peered under a plantain leaf.
I locked the dogs in and took a jar from the kitchen –
the frog hunched up inside it, smeared with mud
and probably terrified. When I carried her to the river
through the marshy field, I was reminded of something
I'd read that morning, about being in harmony
with life, without ideas
about how things should be, without desires;

allow life to be what it is, and let go –
I repeated word for word, releasing the frog,
in the half-shadow
the water's surface shone like waxed wood,
and its bottom was ground to silt. The water-spider sat
in its underwater station, its bell of gossamer.

Wracałam groblą;
słowa brzęczały w ciężkim słoju
dnia, jak odymione pszczoły, żądliły. Psy patrzyły na mnie
przez oszkloną werandę –

* * *

1.
Pamięć, która podobno jest narodzinami, zawsze (jej skalne iglice

i wydmy-echa…); myślę o nas na promie, dopływając do wyspy.
O tym, jak odgarniając mi włosy za ucho
szepnąłeś: "Pójdę do synagogi, podziękuję Mu, że dał mi ciebie" –
chwila, gdy miłość swoją śmiertelną część
dodaje do nieśmiertelnej.
                    Nocne niebo uskokiem
opada na wschód. I tam, gdzie bazalt nocy jest cieńszy,
pocięty smugami erozji, świt przerasta czerwonym
mięsem. I nie ma łagodnego przejścia między światłem i mrokiem.
Jest ogień i surowe czarne niebo. Pustynny pancerz morza. Szczelina,
wzdłuż której pęka ciało snu, odkrywając lodowy rdzeń.

2.
Las w głębi wyspy, karłowaty, bezlistny,
na klęczkach – gdy świt przekrwioną płetwą bije o horyzont.

I wylizywane źrebię – dzień – próbuje się podnieść w niewysokich
        krzewach
i każdy ruch rodzi błyski słońca.
Patrzę jak na mgnienie przystaje na wprost morza –

i nie ma niczego, co by przeminęło.
Na skałach wiatr z piany wyjmuje skrzydła, niebo odsłania się,
        rozświetla
jak ciało po miłości, wyrzucone przez przypływ

I returned by the dam;
words clattered inside the heavy jar
of day, like fumigated bees, they stung. The dogs watched me
through the glazed veranda –

Translated by William Martin

***

1.
Recollection, which I hear is a birth, always (its rocky aiguilles

and dunes-echolalia…); I am thinking about us, on the ferry
      approaching the island.
About how you brushed my hair over my ear
and whispered: "I will visit the synagogue, thank Him for giving me you" –
the moment, when love adds its mortal portion
to immortality.
                The night sky slanting away
dodging east. And where the basalt of night grows scant,
cut by bands of erosion, daybreak is ribbed with red
meat. And between light and dusk, there's no fluid transition.
There's fire and raw black sky. Arid armour of the sea. A fissure
along which the body of dream has split, unearthing the frozen marrow.

2.
A forest in the depths of an island, dwarfed, leafless,
driven to its knees – while on the horizon, dawn flaps its
      blood-riven fin.

And colt licked clean – day – in the low-lying brush, straining to
      find its feet
and every motion bears pinpricks of sun.
I am watching how a blink alights flush with the sea –

and there's nothing of what passed through.
On the cliffs, wind lifts wings off the foam, the sky strips itself
      down, lights up
like a body after love, shore-washed by the tide

Translated by Darek Dawda

ZBIGNIEW MACHEJ was born in 1958 and raised in Cieszyn and environs. He studied Polish literature at the Jagiellonian University in Kraków. Currently the deputy director of the Polish Cultural Institute in Prague, he is also a well-known translator of Czech poetry.

His works include:

Smakosze, kochankowie i płatni mordercy: [*Gourmets, Lovers and Contract Killers*] (Warszawa: Czytelnik, 1984)

Śpiąca muza [*The Slumbering Muse*] (Kraków: 1988)

Wiersze dla moich przyjaciół [*Poems for my Friends*] (Kraków: 1988)

Legendy praskiego metra [*Legends of the Prague Metro*] (Poznań: Obserwator, 1996)

Kraina wiecznych zer [*The Land of Noughts Everlasting*] (Legnica: Biuro Literackie, 2000)

ZBIGNIEW MACHEJ

EDYP I SFINKS

dla Zbigniewa Herberta

Nagi Edyp w jutrzennym płaszczu
narzuconym niedbale na prawe ramię
pochyla się przed Sfinksem
aby lepiej dosłyszeć jego skrzydlate słowa
z ducha egipskiej muzyki.

Twarz o klasycznym profilu,
przetłuszczone loki o kruczoczarnym połysku,
jakieś wiosło pod pachą albo włócznia w pobliżu
ciężkich dłoni mordercy i lędźwi kazirodcy.
Osiłkowate medium niezawinionej winy
śmierdzi jak kozioł ofiarny.

Z lewą ręką opartą na kolanie
i łokciem tak przytrzymującym jutrzenny płaszcz,
aby nim zasłonić swoje podbrzusze,
nieszczęsny nosiciel zła wpatruje się
w jasne piersi Sfinksa, istoty doskonałej
jak skaranie boskie, w te jabłkowite piersi
wyprężone na baczność i wytoczone gniewnie
przeciwko Tebom
przez olimpijskich chirurgów
plastycznych.

O, teraz… Spójrz, jak się wpija
swoim cielęcym spojrzeniem
w nabrzmiałe hieroglify
sutek tego potwora,
jakby z nich źrenicami
wysysał sprytnie odpowiedź
na dziecinną zagadkę.

A co się zdarzy potem
wiadomo już od dawna:
ciemna i gorzka przepaść
prędzej czy później dopadnie
wszystkich co do jednego.

OEDIPUS AND THE SPHINX

For Zbigniew Herbert

Oedipus naked under dawn's mantle
casually slung over his right shoulder
leans over the Sphinx
the better to hear its winged words
out of the spirit of Egyptian music

A clasically profiled face
greasy locks with a raven sheen
an oar under his arm or a spear close
by the killer's heavy hands and incestuous loins.
The hearty medium of guiltless guilt
reeks like a scapegoat.

Left hand braced on knee
and elbow holding dawn's mantle
so as to cover his crotch
the wretched carrier of evil gazes
at the Sphinx's bright breast, at a being perfect
as the gods' curse, apple-round breasts
standing to attention and angrily turned
against Thebes
by Olympian plastic surgeons.

See, now... How he drives
his calf's stare
into the swollen hieroglyphics
of the beast's nipples
as if his pupils had sucked from them
cunningly the answer
to the childish riddle.

And what will follow
has been known for ages:
the dark and bitter pit
will sooner or later pounce
on one and all

POEMAT DLA MIŁOŚNIKÓW STYLU WYSOKIEGO

sąsiedzi z góry
zalali nas
a my zalaliśmy
sąsiadów z dołu
bo gdzieś
na samym dole
zapchała się rura
i nie dało się
jej przepchać

wreszcie po trzech
dniach wszyscy
w kamienicy
zaczęli przestrzegać
reguł
awaryjnego reżimu
i szambo
już się nam
nie wylewa
z muszli
przez próg
do przedpokoju

dziś wyburzyli ścianę
w naszej toalecie
i odsłonili
zapchaną rurę
jest to stara
przedwojenna
ołowiana rura
trzeba ją wymienić
na nową
plastikową
gruz z naszej toalety
władowali do czarnych
foliowych worków
które wypełnione
do połowy
wynieśli
na klatkę
schodową

POEM FOR BELIEVERS IN THE OLD HIGH STYLE

the upstairs neighbours
flooded us
and we flooded
the downstairs neighbours
for somewhere
at the very bottom
a pipe got clogged
and couldn't be
unclogged

then after three
days everyone
in the building
was observing
emergency
regulations
and no longer
did fecal matter
flow
from the bowl
and over
the doorstep
into the hall

today they knocked
down the wall
in our toilet
and exposed
the clogged pipe
it's an old
pre-war
lead pipe
and must be replaced
by a new
plastic one
they put the debris
from our toilet
into black
plastic bags
and set them
half-full
by the stairs

teraz możemy korzystać
tylko z brudnej
toalety zastępczej
na półpiętrze
gdzie dozorca
przechowuje wiadra
worki szmaty
miotły złom
łopaty
zakurzoną gaśnicę
znoszone buty
sterty makulatury
stare śmieci

wolimy tam jednak
nie chodzić
wolimy wyjść chyłkiem
i po sąsiedzku
załatwić się
w jednej z toalet
domu towarowego
„Tesco"
albo pizzerii
„Blue Garden"

w nocy
musimy
radzić sobie
inaczej

now we can use
only the dirty
spare toilet
on the landing
where the manager
keeps pails
sacks and rags
brooms and scrap metal
spades
a fire extinguisher
covered in grime
worn-out shoes
piles of newspapers
old garbage

but we prefer
not to go there
we prefer to slink
out and use one
of the toilets
at Tesco next door
or in The Blue Garden
pizzeria

at night
we must
make do
otherwise

Translated by Tadeusz Pióro

BARTŁOMIEJ MAJZEL was born in 1974 and lives in Katowice, where he works as an organizer of the annual arts and literature festival. He is a world traveller of some renown and has traversed on foot much of the Gobi desert. A bench in his honour is to be erected somewhere in the Sahara.

His publications include:
Zabraknie nam krwi [*We'll be Short of Blood*] 1992
Robaczywość [*Vermination*] (Bydgoszcz:
Świadectwo, 1997)
Bieg zjazdowy [*Downhill Race*] (Kraków:
Studium, 2001)

BARTŁOMIEJ MAJZEL

KONTRABASY

From *Downhill Race*

Nastrojony dziwnym gwarem
Który się zwykle ciągnie jeszcze
Kilka dni po. W to miejsce gdzie padłem
Na pobocze. Teraz też się ciągnie.
Więc nic nie poradzę że nie masz się gdzie ukryć
Przede mną.
Tak jakbyśmy mieli na własność te wszystkie
Kominy i lasy. Jakbyśmy gdzieś tam dymili.
I puszczali zieleń przez pastwiska.

Lecz przedtem puszysta pleśń śniegu wyleciała w powietrze.
Bynajmniej nie na minie ani żadnej bombie.
Raczej na naszych bardzo ciemnych ciałach
Które w tym śniegu ryły. Jakąś pamięć chyba.
Albo coś dokładnie na odwrót.

I wyleciało w powietrze nagie miejsce głowy.
Nastrojone gwarem. Rozrzedzone gwizdem
Wyciętym znad dworca.

Aż w końcu rwały się do lotu te podziemne spory.
Krzyki zasianych roślin które nie wyrosły.

ŁYŻKA

nigdy nie byłem właściwie na ziemi.
przyjechałem tutaj już po szczycie.
deszcz chlupie w rynnach bez opamiętania.
choć to może barszcz w restauracjach godzinami szumi?

czas przychodzi jak mistrz.
lecz ulega namowom.
jestem zbity jak pies
lub jak człowiek.

a przecież mieliśmy wyjść spotkać ludzi których
pokochamy. mieliśmy powypuszczać zamykane ptaki
i radośnie ujadać na słońcu.

DOUBLE BASSES

From *Downhill Race*

Tuned in to a strange humming
Which normally goes on for
Several more days. In this place where I fell
By the wayside. And now it is carrying on.
So I can't help that there isn't a place
You could hide from me.
As if we owned all the
Chimneys and forests. As if somewhere we went up in smoke
Letting greenery enter the pastures.

Earlier on, the fringed mould of snow blew up
Not over a mine or some other kind of bomb
But rather our dark, dark bodies
Which anchored the snow. Stirring some memory perhaps.
Unless it's exactly the opposite.

And a bald patch on the head blew up.
Tuned in to the humming. Thinned out by a blast
Cut away from the air over the station.

In the end, the arguments underground took wing.
There was the crying of planted seeds that wouldn't sprout.

A SPOON

I'd never actually been on earth.
but came here straight after the summit.
the rain is spattering like mad in drainpipes.
or could it be borscht seething in restaurants for hours on end?

time makes its entrance like a champion.
but yields to persuasion.
I'm all beat up like a dog
or a man.

and weren't we rushing out to meet the people
we should love. We were going to spring the birds from their cage
then bark happily in the sun.

lecz widzisz. człowiek jednak nie wszystko
potrafi pokochać co zapragnie.
mam nadzieję że spadnie deszcz i to zdanie zmaże.

WSZYSTKIE CZĘŚCI NOCY

pod barem było światło. pod podłogą baru
lepiła się do ciała jasna głowa księżyca.
oczy zdechłego psa były wystraszone.
tylko że pies wciąż nie zdychał tylko był przechodniem.

wszystko się działo po zmierzchu.
larwa nowego poranka jeszcze nie płynęła.
był pusta i wklęsła. wciąż wybrakowana.

krzywa żyłka pod skórą zwinnie się ruszała.
znikały kształty i papier.
pamięć zamazana.

topiący się lód za oknem wypierał się ciała.

PO KRZYŻU W DÓŁ PO KRZYŻU DO GÓRY

och żeby tak zobaczyć: poszarpaną ziemię.
rozczochraną jak głowa. żeby ją przejrzeć
na wylot z wielkiej wysokości. zobaczyć
jej płynne zmarszczki przesuwające się
z zachodu na zachód.

wchodzę po krzyżu do góry czasami schodzę
w dół. najczęściej się ślizgając. jakoś
omijam te rany co wrosły jak zęby trzonowe.
bo widzisz wzrok głowę odwraca kiedy czuje
strach albo osaczenie.

więc żeby tak dotknąć: rozlewiska rzek.
żeby rozetrzeć tę przestrzeń jak mleko.
po poszarpanej ziemi:

but you see. Man still can't
bring himself to love whatever he should.
I wish the rain would fall and wipe this sentence out.

ALL PARTS OF THE NIGHT

there was light under the bar. under the floor
the moon's forehead was sticking to the body.
the dead dog's eyes were appalled.
only the dog would not give up but was a passer-by.

all this in the dark.
the maggot of dawn hadn't started to squirm.
it was hollow and caved in. non-operational.

a crooked vein under the skin was moving deftly.
shapes and bits of paper would disappear.
memory blur.

ice melting outside the window would deny the body.

UP AND DOWN THE CROSS

if I could only see: the upheaving earth.
like a tangled head of hair. see
through it from a great height. see
its ripples moving
from west to west.

I go up the cross sometimes I go
down. nearly always slipping. somehow
avoiding the wounds that have bedded down like molars.
because you see the look turns the head when it's
scared or run to earth.

if I could only touch: the flood waters of rivers.
clouding over everywhere like milk.
over upheaving earth:

kto się w niej kryje przed nami?
kiedy będą mieć pewność wtedy się pojawią.
wejdą do krzyża się najeść. będzie polowanie.

KOŚĆ NIEZGODY

chciałbym kłaść stopy jeszcze bliżej
ziemi. plątać się w niej jak zmarli
w korzeniach. lub jak ptaki w zeznaniach.

a tłuste gwiazdy niech się kręcą tuż za zakrętem.
niech podskakują do góry na niebieskim obrusie.
niech moje ciało stanie kością w gardle.
no bo jakże to: żyć i nie być znienawidzonym?

moje ciało musi być dzielne w miłości i w przeklinaniu.
niech się więc stanie kością niezgody i burzy.
i niech powoli wymiera jak rzadkie gatunki ptaków.

kiedyś byłem ciepły jak drzewo. niewiele
młodszy od świata. szóstego dnia stworzony.
lecz już po zachodzie słońca.

siódmego o brzasku budzą się ptaki.
aby oskarżać.

gdybym był odważnikiem na wadze
nie poszedłbym na dno.
przez mosty przerzuciłbym sieci
pełne ryb i głów.
sobie zostawiając tylko to zaćmienie.

WYPRAWA PO JABŁKA

prosto w mur. dwieście na godzinę.
to będzie gwiazda polarna. może katastrofa.
różowa skóra potrzaska się jak rozsypane szkiełka.
a skrawek materiału zatrzepocze jak motyl.

who is hiding from us there?
when they've been certain of arriving.
consubstantial with the cross they will eat their fill. Let the games begin.

A BONE OF CONTENTION

I'd like to put my feet closer yet
to the ground. Get snared in it like the dead
in roots. or birds in their affidavits.

and let the obese stars take a turn round the corner.
let them jump onto a blue tablecloth.
let my body get caught in my throat.
for however does one live without being hated?

my body must be brave in love as in cursing.
may it turn into a bone of contention and storm.
may it die out slowly like rare bird species.

I used to be warm as a tree. not much
younger than the world. created on the sixth day.
with sunset already over.

on the seventh at dawn the birds start waking up.
to their accusations.

if I were a weight on the scales
I wouldn't sink to the bottom.
I'd throw nets sagging with fish
and fish-heads over the bridges.
keeping nothing for myself except this eclipse.

SCRUMPING

straight into the wall. at 125 mph.
this will be the pole star. maybe a collision.
pink skin will be ground up like spilled crystals.
and one scrap of cloth will dance like a butterfly.

nad głowami zawiśnie jaskrawa poświata.
łuna tak czysta. że pewnie nie dla nas.
lecz jak już iść to biec. prosto
bo w murze zrobiłem anioła.

ty jesteś moim przezroczystym tłem.
uderzę w nie jak w źrenicę uderzają oświetlone
miasta. kiedy radość umiera nikt nie przynosi
krewnym czarnych kwiatów. źrenica otwarta jak

brama jest niewrażliwa jak guzik.
to był ciężki dzień. zacisnę powieki aby
odpocząć. trzeba wreszcie zrobić coś dla życia.
w to wielobarwne święto.
w dzień powszedni albo ostateczny.

ŚWIĘTY LOT

jaskinia. pyłki włosów.
odciski w których twoja kryształ twarz.
odbija się w lampie jak ćma.

muszę już iść jak najdalej stąd.
jakoś się przygotować
na to że będę święty.
że będę pachniał jak mira
u podnóża skał.

słońce już wzeszło jak miłosz
księżyc karpat i oko tej całej europy
która się do nas przyplątała jak pies.

tylko uważaj
na każdy mój ruch. bo moje święte żyły
piją więcej niż giętkie korzenie jałowca.

bartku zwolnij.
drogi są wyjątkowo smutne tego roku.
i rozjeżdżają się jak palce u nóg.
no i te kontynenty podarte jak kartki papieru

a bright glow will hang overhead.
a luminosity too much for us to bear.
if it fades we should run straight ahead
creating angels in the wall like me.

you are my see-through background.
which I'll hit as the pupil is hit by cities
alight. when joy dies no one gives
the family black flowers. the pupil open as

a gate is unfeeling as a button.
it's been a hard day. I'll screw my eyes up tight
to rest. in the end, we have to find a way to live.
on polychromatic feast days.
or weekdays. or the Last Days.

HOLY FLIGHT-PATH

a cave. dust of the scalp.
marks in which the lamp
reflects your shining face like a moth.

I have to go now as far away as possible.
to prepare myself somehow
for holiness.
for smelling like myrrh
at the foot of the rocks.

the sun has risen already like miłosz
the moon of Carpathia and the eye of all Europe
which has tracked us like a stray dog.

just watch
my every move. for my holy veins
drink deeper than springy juniper roots.

slow down, bartek.
the roads are especially mournful this year.
parting reluctantly like toes.
and there the continents are torn up like sheets of paper

roztargana azja wymięta afryka.
europa przezroczysta śpiąca jak zły sen.
bartku ja ciebie chrzczę tysiącami barw.

to pora monsunowa. będę wilgotnym świętym.
pustynia? to się kryształ odbija. i szczerzy się w nieznane.
ktoś bierze nas w posiadanie.
a woda obejmuje powoli
cały suchy step.

wrinkled asia crumpled africa
greaseproof europe sleeping like a nightmare.
bartek, I give you the name of a thousand colours.

it's the monsoon season I'll be a damp saint
is this a desert? or a glancing crystal, a grimace at the unknown.
someone is taking possession of us
flood water slowly embraces
the whole dry steppe.

Translated by Piotr Szymor and Rod Mengham

MACIEJ MELECKI was born in 1969 and lives in
Mikołów, where he works at the Mikołów Institute, a
cultural foundation established in the former home of
Rafał Wojaczek, a Rimbaudian martyr who took his
life in 1971. He is co-editor of *Arcadia*, a journal pub-
lished by the Institute.

His publications include:
Zachodzenie za siebie [*Behind the Self*] 1993
Te sprawy [*Such Things*] (Kraków: Oficyna
Cracovia, 1995)
Niebezpiecznie blisko [*Dangerously Close*]
(Warszawa: Przedświt, 1996)
Dalsze zajścia [*Further Goings Behind*] 1998
Zimni ogrodnicy [*Mid-May Cold Spell*]
(Mikołów: Instytut Mikołowski, 1999)
Przypadki i odmiany [*Cases and Declensions*]
(Mikołów: Instytut Mikołowski, 2001)

MACIEJ MELECKI

STAN SKUPIENIA

Niebo stało się bezbłędne.
Na spalonych słońcem blachach parapetów
nie wygrzewa się żaden kot. Wszystko,
co żywe, pochowało się w szczeliny. Jedynie
drobne ślady-potu, pustych butelek,
twardej ziemi w doniczkach, mówią,
że to jest przejściowe. Jedynie żółć nie zasycha
na końcach języków, w środkach spojrzeń.

Szybko podejmowane decyzje
mogą ocalić, ale mogą też spiec. To, co
daje cień, płaci swój haracz przyjmowaniem
na siebie z góry lub z boku ciepła.
W termometrach rtęć dostaje białej
gorączki. Wszystko, co martwe zostało
wystawione na próbę – jestem
przygotowany, ognioodporny.

TE SPRAWY

Ta kupa węgla, którą zrzucali we dwoje do
piwnicznego okienka, pozostawiła po sobie
czarny osad na brunatnym trotuarze.
Komin tego domu wydłuża się teraz o swoją
połowę dzięki szaremu dymowi. Resztę
przejmuje wiatr i gdzieniegdzie leżący śnieg.
Cicho. Nie słychać już szurania łopat,
klnięć i spierania się o to, kto
więcej się zmęczył.

Chłodne szkło i ogrzewane w rękach klucze.
Stoję przed wiaduktem i wyobrażam sobie
swój odjazd. Pociągi przyjeżdżają na swoje
perony i niespóźnione odchodzą. Wracam
i znów przyjmuję to miasto. Ten obszar
do przejścia w pół dnia. Potem palę
stare gazety, cały ten papierowy czas
szybko ulega spopieleniu. Jakieś światło
pełznie po asfalcie i zahacza o moją nogę.

CONCENTRATION

The sky is perfect.
On hot tin sills
no cats are basking. All
that lives has sought refuge in cracks.
Only tiny traces of sweat, empty bottles,
hard soil in pots tell us
it will pass. Only bile is not dry
on tips of tongues, in mid-glances.

Decisions made quickly
can save or scorch. What
gives shade pays the price,
accepting the heat
from above or the side.
In the thermometers mercury is
white hot. All that is dead
has been put to the test. I am
prepared, fire-proof.

THESE MATTERS

This pile of coal he and she were shovelling down
the small cellar opening has left in its place
a black deposit on the brown pavement.
The chimney of this house now lengthens by
half its height thanks to grey smoke. The wind
intercepts the rest, and the snow lying here and there.
It is quiet. No more scraping of shovels,
cursing or arguing about who is
the most worn-out.

Cold glass and keys warmed up in hands.
I face the railway bridge and imagine
my departure. Trains arrive at their platforms
and leave without delay. I turn back
and again take in this town. This area
to be crossed in half a day. Then I burn
old newspapers, all this paper time
quickly turns to ashes. Some light
crawls across the tarmac and catches on my leg.

Najlepiej byłoby nie zamykać oczu. Głupio
wpatrywać się w każde drobne ogniwo. Nawet
w to z łańcuszka tego schludnego faceta
trzymającego się rurki w autobusie. Nieraz się
jeszcze plunie, niczego nie zbyje. Czarnobiałe,
martwe natury wychodzą na wierzch.
Następujące po sobie zmiany nigdy nie osiągną
Pełni. To są sprawy życia. Na sprawy
Śmierci jakoś za wcześnie.

NIEWYRAŹNE KWESTIE

Ktoś kiedyś mówi ci, że cię kocha.
Stoisz na schodach i widzisz, jak wtrąca cię
to w demaskującą przepaść. Teraz
Ty chcesz powiedzieć, że kochasz kogoś,
ale nie wychodzi to zbyt naturalnie,

przez co unieważnia się pora i kasuje ten
złożony do kupy obrazek. Lecisz
więc na zbity pysk, lecisz i wydaje się,
że już wpadłeś, bo nim prześlizgnie się
kolejna sonda, kant powietrza
złamie ci język. Uchodzi ci to

na sucho, lecz ktoś to zauważa i
dokonuje ostrej adnotacji. Opowieść nie
zostaje jednak w tym miejscu dalej podjęta.
Chylący się ciężar nocy wyprzedza nas.
Zachodzimy go z boku i na
Jakimś ekranie leje się krew.

LATO, ODCHODZENIE OD SIEBIE

Noc lepi się do skóry jak lep do muchy.
Dzieci z pobliskich domów skaczą wokół rozpalonego
Ogniska. Uścisk ręki nowo przybyłych parzy tylko
Rękę. Własne przemienia w niczyje.
                    Z wystawionych
na tarasie kolumn muzyka. Ogród nie kończy się

I'd rather not close my eyes. It's daft
gazing at every small link. Even
in the chain of the slick customer
holding the hand-rail on the bus.
You'll have another spit, get rid of nothing. Black and white
Still lifes rise to the surface.
Changes following one another will never come
to a halt. These are matters of life. Somehow
it's too soon for matters of death.

UNCLEAR MATTERS

One day, someone tells you: I love you.
You stand on the stairs and watch
yourself falling into an abyss of exposure. Now
you'd like to say that you also love someone,
but it doesn't sound too convincing,

the time is running out and this makeshift
picture is being deleted. You're sent flying
head first, are still flying and it seems
you've had it, since before the next
space probe has slipped by, the air's edges
will twist your tongue. You get away

with it, but someone has noticed and
quite abruptly made a record. However, the story
is not taken up again from the same point.
The declining weight of night overtakes us.
We outflank it and somewhere
a screen is dripping with blood.

SUMMER, GETTING AWAY FROM YOURSELF

Night sticks to skin like flypaper to a fly.
Children from nearby houses are jumping up and down
around a bonfire. The handshakes of new arrivals only burn
your hand. Your own transforms into no one's.
                              There is music from speakers
put out on the terrace. The garden does not end

za płotem czy na migotaniu czerwonych
światełek na dachu wieżowca.

Za mało opowieści, za dużo przeszłości w
rozmowie z kobietą na schodach. Nagle zaczyna
mówić o zasadzkach i czujesz, że nie mówi do rzeczy
tylko w końcu do ciebie. Porąbane wieczorem
gałęzie zostały przyniesione spod komórki i
dorzucaniem ich do ognia zajmuje się półwidzialna
postać. Siekiera wbita w pieniek walczy z cieniem.

Ciche śmiechy z otwartych okien wplątują się
w te jeszcze rodzące czereśnie drzewa przy furtce.
Ze wszystkiego najbardziej dotykają się plecy do
koszul i sukienek. Męskie chrząkania; tłukące się
szkło o podłogę nie odwraca uwagi. Siedzisz na
suchej, szorstkiej trawie i jesteś o krok od każdej
goniącej za tobą myśli. O tym ogniu, o tych
                                        zasadzkach.

OSTATNI RAZ RAZ JESZCZE

Czasami wiesz, jak możesz czegoś uniknąć
i nie unikasz tego, bo czasami wydaje ci się, że nie
wiesz tego, co wiedzą inni. I nawet temperatura
nagle okazuje się łaskawym sprzymierzeńcem, gdyż
bez trudu zapominasz o kompletnym ubraniu się
i stojący przy dworcu albinos mierzy cię na odległość.
Chcesz, żeby wszystko, co staje się warte
dłuższego bycia przy tym, zostało utrwalone jak
niezniszczalne zdjęcie. Ale dostajesz nędzną
resztę i z tej reszty każą zrobić ci całość. Suniemy
w tej płytkiej głębi, zanurzeni po kostki w
wiosennym szlamie i nasze złudzenia nie obchodzą
nas bez śladu. O, masz je na całym ciele i
zapełniasz nimi boki, kiedy już nie ma wyjścia i trzeba się
z nich wytłumaczyć. Mój rozejm nie oznacza pokoju.
Trafiamy przecież zawsze w sedno, lecz niekiedy
to sedno jest ruchome i tylko zostawia po
sobie jakby poświatę. Jest, ale już nie tam, gdzie się je widzi.

behind the fence or at the blinking of red
lights on the high-rise roof.

Not enough of a story, too much of the past in
the conversation with a woman on the stairs. She begins suddenly
to talk of traps and you feel she's not making sense
but in the end you reckon she's speaking of you. Branches chopped
in the evening were brought from outside the shed and
a barely visible figure takes charge of throwing them into
the fire. The axe stuck into a block struggles with shadow.

Muffled laughter from open windows gets entangled
in cherry trees still in fruit near the gate.
Most important of all are the backs touching
shirts and dresses. Men clearing their throats;
glass breaking on the floor does not deflect attention. You sit
on dry spiky grass within a step of every
thought that chases after you. Of this fire, of those
                                        traps.

LAST TIME ONCE AGAIN

Sometimes you know how to avoid something
but walk straight into it, suspecting that others know
something you don't. Even the temperature
turns into an ally, since you
never remember to put enough on
and the albino at the station eyes you from afar.
You want everything worth
holding onto fixed like
a photo that can't be destroyed. But you get only leftovers
and are told to make do with that. We are gliding
in shallow depths, ankle high in
spring mud, and our illusions don't bother
us in any way. Look, they're all over your body now, and
you brush them aside when there's no other way but to
make your excuses. It's my truce, not a peace.
We always do hit the nail on the head, but at times
the head moves and only leaves behind
a kind of glow. It is there, but not where you see it.

Translated by Piotr Szymor and Rod Mengham

ANDRZEJ NIEWIADOMSKI was born in 1965 and lives in Lublin, where he teaches Polish literature at the Maria Curie-Skłodowska University. He is an editor at *Kresy*, a quarterly journal of literature and criticism.

His publications include:
Panopticum i inne wiersze [*Panopticon and other Poems*] (Lublin: *Kresy*, 1992)
Niebylec [*The Unbeen*] (Warszawa: Przedświt, 1994)
Prewentorium (Lublin: *Kresy*, 1997)
Kruszywo [*Aggregate*] (Legnica: Biuro Literackie, 2000)

ANDRZEJ NIEWIADOMSKI

WIERSZE O LUDZIACH I ANIOŁACH

Wzrasta.
I nawet dni w stanie nieważkości nie są w stanie
tego zatrzymać.
Kolorowe wstążki helikopterów, samoloty wlokące po niebie
wstęgi z krzepiącymi hasłami.
Nadmiar traw wdzierających się w szczeliny chodników,
krepa i falbany, plastik, piasek, szkło i metal.
„Czy przypadamy do gustu światom, w których
znikamy?"
Można przetrwać zmartwychwstanie nie opuszczając grobu,
przestrzeni na przestrzał otwartej, na przeciągu i w przeciągu
leniwych godzin, karkach czarnych zwierząt (ani słowa
o ludziach i aniołach).
Można wziąć języka, coś na ząb, brnąc w te same zaklęcia
i koniunkcje planet.
Mój przewodnik po krainie smaków nie zawodzi,
tyle wiem o obcych gustach.
Na koniuszku ust mam te wszystkie głosy, uczyń mnie
widocznym, świeć mi.
W lustrach jest osobność, lustra stają przeciw sobie,
blaski, błyski, gładka jasność.
Wzrasta ponad miarę.
Twoich imion – sprzecznych – nie wymawiam.
(Nikt nie mówi o „równowadze",
przekroczyć: oto „wszystko").
Oczy odwykłe od bieli, ale nie dotykaj mnie,
powielony i zwielokrotniony; śpiący głęboko, jeszcze śniący
jestem
i nie ma mnie tu

PARÓWKI, SPOKÓJ

Po wielkiej wojnie spokój, po pokoju chaos, za nim
klasycyzm, potem sen, śmierć, a na końcu są
słowa. (Do licha i ciut ciut). Wąwozy, wiry,
poskręcane korzenie, język – zwinięty w rulon,
aniołki – wygięte i jednocześnie dzierżące w dłoniach
długie i smukłe trąbki. A świat ma czyste
intencje: ciało (różowe), powietrze (niebieskie),

POEMS ABOUT PEOPLE AND ANGELS

Growth.
Not even weightless days can
stop it.
Choppers' bright ribbons, planes dragging banners
with buff slogans across the sky.
Excess of grass invading pavement cracks,
crepe and flounces, plastic, sand, glass and metal.
"Do we appeal to the worlds in which
we vanish?"
You can live through a resurrection without leaving your grave,
a wide-open space, windily weathering
idle hours, black animals' necks (not a word
about people and angels).
You can take some toothsome tongue, floundering in the same spells
and planetary conjunctions.
My guide to the world of tastes is infallible,
that's all I know about others' likes.
All these voices at the tip of my lips, oh make me
visible, shine for me.
There's singularity in mirrors, mirrors face each other,
glows, flashes, smooth brightness.
Excessive growth.
Your names – contradictory – I do not speak.
(No one speaks of "balance":
exceed: that is "all").
Eyes not used to whiteness, but don't touch me,
reproduced and multiplied; fast asleep, still dreaming
I am
and am not here

FRANKS, PEACE

After a great war, peace, after peace, chaos, then
classicism, later sleep, death and at the end are
words. (Words without end). Gullies, eddies,
tangled roots, tongue – rolled up,
angels – bent and brandishing
long, slender trumpets. And the world has clear
intentions: body (pink), air (blue),

kostki bruku (czarne), attyka (biała), cegła
(czerwona), czysty (żółty) piach. Chciałyby
brzmieć jak ostateczne rozwiązanie tej kwestii,
ale nocą wszystko wygląda inaczej, nasze
nocne wyprawy w miasto stają się z wolna
zwyczajem. Czuwamy: na wzgórzu, obok wielkiej
rzeki, choć akurat to słowo jest nie na miejscu,
bo w miejscu czuwać można nad słowem (śpiącym,
umarłym), a my jesteśmy zadziwiająco
regularni. Październik: nadziewana cukinia,
listopad: duszona ryba, grudzień: parówki
zawijane w boczku

EXPOLIO

W samym środku, a poza zasięgiem. Ponad
poziomem krowich i ludzkich gówien. Po
obejrzeniu lokalnego światka w czarno – białej
fotografii. Między czarno – białymi zwierzętami
i gazetami donoszącymi o zbyt dużym
zniszczeniu powierzchni żującej. Obok gum,
puszek, kapsli, butelek. Nie tak znów wiele
tego; co za brak w czasach nadmiaru, no, uchodzi,
w nieskończoność można stąd oglądać
wiejski klasycyzm, białe wieże, rzędy topól,
podmokłe boisko. Dotarłem sam do wapiennych
źródeł, na sąsiednim wzgórzu dwie półnagie
dziewczyny machają, a potem nazywają mnie
Armeńczykiem i nie wiem, czy chodzi o Aramejczyka,
czy też Ormianina. Mógłbym śnić na zboczu koniaki
i ośnieżone szczyty, ale to nie jest Ararat, tylko Elbrus
zdobywany przez niemieckich alpinistów. Gdybym
dodał tu księżyc, miałbym niezły landszafcik, choć i tak
płynie z chałupy „Księżyc nad Somozą". Ekologia
i polityka śpią w wyłączonym telefonie, nie śpi to,
co wydobywa się z brzucha góry, niknie w mokradłach
i świergoleniu, drzewa krzyżują się, mówię
o rychłej śmierci języków, milczenie
nie jest wyjątkiem

paving stones (black), attic (white), brick
(red), clear (yellow) sand. They'd like to sound
like the final solution to this question
but everything looks different at night, our
nocturnal forays into town are slowly becoming
a habit. Awake: on the hilltop, by the great
river, though this is not the place for that word
for in place you can keep a wake for a word (asleep
or dead), while we are amazingly
regular. October: stuffed zucchini;
November: braised fish; December: franks
wrapped in bacon.

EXPOLIO

Dead centre but out of range. Above
the level of human turds and cowpats. After
seeing the local mundo on a black and white
photograph. Among the black and white animals
and newspapers reporting the excessive
damage done to chewing surfaces. Next to gums,
cans, caps, bottles. Not too many of them,
either: what scarcity in a time of excess, well, it'll do,
from here you can observe endlessly
rural classicism, white steeples, poplar rows,
a wet pitch. By myself, I reached the limestone
springs, from the next hillock two half-naked
girls wave, then call me an Ormian
and I don't know if they mean Aramean
or Armenian. I could dream of brandies
and snowy peaks on this slope, but it's not Mt. Ararat,
only the Elbrus taken by German climbers. If
I threw in the moon, I'd have quite a landscape, but even so
"Moon over Somoza" reaches me from a cottage. Ecology
and politics sleep in the switched-off phone, awake is what
emerges from the mountain's bowels, vanishes in bogs
and chirping, trees cross, I speak
of the imminent death of languages, silence
is not an exception

RETINEO

Usiadła, odwrócona plecami do mnie, biodra niezbyt
kuszące, ale ta linia grzbietu i łydka pod udem, pośladki,
które nikną w wazonie, a z palców tryska woda. Wiem, że
nikomu nie muszę się już podobać, chociaż dalej:
jeden karzący palcem a drugi spoczywający, podparty;
wszystko to było o nich, nie o nim, taki mały
totolotek liczb i tryb warunkowy wdzierający się
wszędzie, komputer nie bez racji chcący zamienić
„Somoza" na „osmoza". Blisko roślin i dwóch czarnych
psów, zgiętych niemal pod kątem prostym, drzemiących
w obu rogach pałacu. Od pracy mają wolne i tamci,
co szepczą, w powietrzu krążą wersje wypadku
rosyjskiej łodzi atomowej, ja wolę znajome głosy
i dźwięki, słyszę jak „kredki chroboczą wśród okruchów
bułki" i kłócą się z tym, który – mimo słońca – pisał
o „malarycznej okolicy". Gdzieś poza parkiem,
unosząc w górę kapcie, balansuje na kładce
gromada dzieci. I omijają bagno, biegnąc w światłocień
drzew. Ten niewinny hermetyzm jest jak szkoła
przetrwania. Teraz pozostaje wypożyczyć łódkę na płytkim
stawie bez odpływu, bez tchu i bez pamięci wiosłować,
z pasją nadrabiając mięśniami i miną

RETINEO

She sat down, back towards me, hips hardly
tempting, yet the line of her back and calf under thigh, buttocks
vanishing in a vase and water spurting from fingertips… I know
I don't need to be attractive any more, still, it goes on:
one admonishing with his finger and the other recumbent, propped;
all of this was about them, not him, a little
lotto of figures and the conditional mood breaking through
everywhere, the computer sensibly wanting to replace
"Somoza" with "osmosis". Close to plants and two black
dogs, bent at almost right angles, snoozing
in both corners of the palace. It's a day off also for those
whispering, the air is full of versions of the Russian
atomic sub accident, I prefer familiar voices
and sounds, I can hear "crayons scraping across
breadcrumbs" and arguing with the one who – in spite of the sun –
wrote of a "malarial area". Beyond the park,
slippers raised high, a group of children
balances on a plank. And they get past the swamp,
running to the trees' chiaroscuro. This innocent hermeticism
is like survival school. All that's left to do is rent a boat
and row yourself breathless on the shallow pond,
passionately putting on muscle and your best face

Translated by Tadeusz Pióro

EDWARD PASEWICZ was born in 1971 and lives in Poznań. Currently at work on an opera, he is the composer of the *Naive Symphony*.

His publications include:
Dolna Wilda (Łódź: 2002)

EDWARD PASEWICZ

BLIZNY

już bielutkie jak nitki strzępiące się
                                        na prześcieradle,
zapamiętałem, tak jak nosowe *mon frère*.

Śnieg też utkwił w pamięci,
kawał lodu właściwie,
można by się w nim przejrzeć,
gdyby tak nie zniekształcał.

I okno – to ważne – całkiem otwarte.

Zapamiętałem gołębia na sąsiednim
parapecie, o którym pomyśleliśmy,
że jest kamerą i śledzi nas mozolnie
i praśnie, wysyłając do gołębiego
nieba co pikantniejsze kawałki.

A ptasi widzowie pomstują
na nasze zezwierzęcenie, i to
że w ich oczach jesteśmy martwi,
przywiązani do siebie i nadzy;

później deszcz go spłoszył
i wybuch wulkanu w telewizorze.
Byłoby dobrze gdyby został,
ślad byłby wyraźny, a tak z
pamięci wyłania się strużka potu,
kamień który przeleciał przez rynnę
z wielkim rumorem, i pranie które łopotało
jak flagi przy państwowym święcie.

Szum wody, już później w nocy,
myśl o kukiełkach i kukurydzy,
wszystko namalowane na tekturze,
pornograficzny komiks pod powieką.

SCARS

already white as threads baring the sheet
I remembered them, just as the nasal *mon frère*.

Snow, too, sticks in the mind,
a chunk of ice, actually,
you could look at yourself in it
if it didn't deform so.

And the window – this is important – quite open.

I remembered a pigeon from the neighbouring
sill which we thought was a camera
spying on us with great effort
and no art, sending to pigeon
heaven the spicier bits.

And the avian audience denounces
our bestiality, and that
in their eyes we are dead,
tied to each other and naked;

then rain scared him off
and the volcano erupting on TV.
It would have been good if he'd stayed,
the trace would be clearer; instead,
memory lets out a trickle of sweat,
a pebble that fell through the drain
making a great commotion, and laundry
fluttering like flags on a national holiday.

The sound of water, later at night,
thoughts of puppets and pulses,
all painted on cardboard,
a porn comic-strip under eyelids.

W STARYM STYLU

I oto umarła nam kompletnie.
Martwa jest noga i szorstka pięta.
Zgięcie w kolanie też świeci pustką.
A z ciepła brzucha pozostał popiół,
czarna saszetka wypełniona puchem.

Nawet papieros, ten nędzny motyl,
złączenie płuc, trucizny i oddechu,
jest tylko napisem na słupie ogłoszeń
który nic nie mówi przechodniom.
Bo martwe są usta którymi on włada.

I nawet ja, leżący przed południem,
w zatęchłej już nieco pościeli,
jednorazowy jak strzykawka, nasiąkam
jak wacik i ciemnieję wewnątrz.

Choć chciałbym rozjaśnić się i ufarbować,
zmienić ton i przebieg rozmowy,
to jednak głos pozostaje głuchy
na inne brzmienia poza własnym brzmieniem.

PTASIE KOŚCI

Ślady, pogłosy, plamki i języki
wymieszane jak w centrum konferencyjnym.

Widzisz, pan w koszuli chwyta
się za serce, usta zmieniają się w śnieg
a wskazujący palec to róża, kompas
jako wybroczyna, krew na skórze i
zamienił się w łódź, już dryfuje
w deltę, a rzeka, jak wiesz
nie zezwala na pozoranctwo.

Jest więc jakieś miejsce, gdzie
się krzyżują doświadczenia, trzeba
tylko cierpliwie poczekać,
aż zejdą się wszyscy i starszy pan
z brodą oprowadzi wycieczkę.

OLD-FASHIONED

So she's dead completely.
Dead leg and rough heel.
Nothing in the bend at the knee.
Ashes left of the stomach's warmth,
a black pouch filled with down.

Even a cigarette, that lousy butterfly,
linking lungs to poison and breath
is just letters on a billboard
meaningless to passersby.
For dead are the lips he rules over.

And even I, lying before noon
in slightly stale sheets,
disposable as a syringe, swell
like a swab and darken inside.

Although I'd like to brighten up and dye,
change the tone and course of the conversation,
the voice remains deaf
to sounds other than the sound of itself

BIRD BONES

Traces, echoes, stains and tongues
mixed as in a conference centre.

See, the man in the shirt clutches
at his heart, lips turn to snow
and the index finger is a rose, a compass
like effusion, blood on skin and
he's become a boat, drifting
into the delta and the river, as you know,
permits no dissimulation.

So there is a place where
experiences cross, you just have to
wait patiently
until everyone gets there and the older
bearded gent shows the tour around.

A jeśli nie przyjdzie? Jeśli
stół w konferencyjnym centrum,
ta wielka okrągła roślina,
wchłonął go i nie puszcza?

Co zrobimy bez brodatego pana
który dotychczas nas wpuszczał
i wędrowaliśmy w podziemiach.

Ptasi świergot nas zdradza, i gesty,
te pokraczne próby powtórzenia.
Ale przecież traktujemy to lekko,
Podskakiwać, tak krzyczą, i podskakujemy.

And if he doesn't come? What if
the table in the conference centre,
that vast round plant,
has caught him and won't let go?

What shall we do without the bearded gent
who until now would let us in
to wander underground?

Bird song betrays us, and gestures,
those awkward attempts at repetition,
but after all we take it lightly,
jump, they shout, and we jump.

Translated by Tadeusz Pióro

TADEUSZ PIÓRO, poet and translator, was born in 1960 and co-edits *Dwukropek* (with Andrzej Sosnowski). His translations into English include a selection of Tadeusz Borowski's poems, published in 1990 by the Hit and Run Press in California. He is also adjunct professor of American Literature at the English Department at the University of Warsaw. Together with Rod Mengham and Piotr Szymor, he has edited the present anthology *Altered State: The New Polish Poetry* (Todmorden: Arc Publications, 2003).

His publications include:
Dom bez kantów [*House without Corners*] with Andrzej Sosnowski and Kuba Kozioł (Chicago: The Movable Feast Press, 1992)
Okęcie (Waszawa: Przedświt, 1993)
Wiersze okolicznościowe [*Circumstantial Poems*] (Lublin: *Kresy*, 1997)
Syntetyczność [*Syntheticity*] (Legnica: Centrum Sztuki – Tear Dramatyczny, 1998)
Wola i Ochota (Legnica: Biuro Literackie, 2000)

TADEUSZ PIÓRO

DOM BEZ KANTÓW

To, że nic nie dzieje się od dawien dawna widać na przykadzie Biskupina.
Nawet dzieci łechtane ślamazarną falą Wisły nie wierzą w jej wiry
zdradliwe jak metaliczny uwodziciel Wandy i zamiast zemsty węszą
kwaśny klin siarki wyściełany mglistym plastikiem na zboczach
    kolejowych nasypów.

Nawet dzieci łechtane ślamazarną falą Wisły nie wierzą w jej wiry
bo któż wziąłby kobietę za symbol zdrowego rozsądku wiodącego lud
    na barykady?
Kwaśny klin siarki wyściełany mglistym plastikiem na zboczach
    kolejowych nasypów
rozpowszechnią mistrzynie olimpiad przedmiotowych, włącznie z geografią.

Bo któż wziąłby kobietę za symbol zdrowego rozsądku wiodącego lud
    na barykady?
Musztrę i regulaminy bez których nie zabłyśnie zielone światło dla rewolucji
rozpowszechnią mistrzynie olimpiad przedmiotowych, włącznie z geografią
gdy zajmie ona należne jej miejsce w gronie nauk ścisłych.

Musztra i regulaminy bez których nie zabłyśnie zielone światło dla rewolucji
do szaleństwa wzburzą krew kapłanki zbożnej ironii
gdy zajmie ona należne jej miejsce w gronie nauk ścisłych
i lśniąc przykładem zawróci w głowie wyrazom powszechnie
    przyjętym za wulgarne.

Do szaleństwa wzburzą krew kapłanki zbożnej ironii
karmazynowe usta i szkarłatne paznokcie nieprawomyślnych kobiet
gdy lśniąc przykładem zawrócą w głowie wyrazom powszechnie
    przyjętym za wulgarne:
geniusz ludu zburzy barykady zdrowego rozsądku i na pozór będziemy wolni.

Karmazynowe usta i szkarłatne paznokcie nieprawomyśnych kobiet
jednym ruchem kulbaczą Prado i redakcję Przeglądu Sportowego
geniusz ludu burzy barykady zdrowego rozsądku i na pozór jesteśmy wolni
i na przekór atawizmom Hemingwaya jest byczo.

Jednym ruchem kulbaczą Prado i redakcję *Przeglądu Sportowego*:
wbrew nakazom wiary rzucają się w wir bezinteresownej kontemplacji
i na przekór atawizmom Hemingwaya jest byczo
gdy nieprawomyślne kobiety stają się symbolem zdrowego rozsądku.

CUTTING CORNERS

Nothing has happened since time immemorial. Take Stonehenge:
Even children won't believe tricky eddies
Found in the principal rivers, preferring the blaze of cheap wine
To metallic seducers on pilings and bespattered embankments.

Even children won't believe tricky eddies
For who would let woman symbolize common sense?
To metallic seducers on pilings and bespattered embankments
The revolution is a one-way street.

For who would let woman symbolize common sense?
Rules and regulations won't man the barricades:
The revolution is a one-way street,
Her rightful place among the hard sciences.

Rules and regulations won't man the barricades.
Blood boils as the priestess of pious irony takes
Her rightful place among the hard sciences
And turns the heads of four-letter words.

Blood boils as the priestess of pious irony takes
Up worldly women, their scarlet lips and crimson nails
And turns the heads of four-letter words
As popular genius brings down the barricades and drools

All over worldly women, their scarlet lips and crimson nails
And common sense fuses the Prado with *Sports Illustrated*
As popular genius brings down the barricades and drools
All over Hemingway's atavism – it's a bull's eye.

Common sense fuses the Prado with *Sports Illustrated*:
Regardless of creed, they plunge into disinterested contemplation
All over Hemingway's atavism – it's a bull's eye
When worldly women come to symbolize common sense.

Wbrew nakazom wiary rzucają się w wir bezinteresownej kontemplacji –
De Quincey twierdził, że to zasługa opium
gdy nieprawomyślne kobiety staną się symbolem zdrowego rozsądku
dzieła sztuki psim swędem przeistoczą się w zemstę.

De Quincey twierdził, że to zasługa opium:
nie ma sensu sięgać po przykłady ze starożytności
dzieła sztuki psim swędem przeistoczą się w zemstę
za wszystkie grzechy świata i na jego potrzeby choć naszą miarę.

Nie ma sensu sięgać po przykłady ze starożytności…
Mistrz wiódł pogodną starość wśród musztr, regulaminów i pokuty
za wszystkie grzechy świata i na jego potrzeby choć naszą miarę.
Na wiosnę zieleń topól zasnuła dozór starej baszty w Löbenicht.

Mistrz wiódł pogodną starość wśród musztr, regulaminów i pokuty
zielone światło migotało o zmierzchu i jak na ironię
wiosną zieleń topól zasnuła dozór starej baszty w Löbenicht
a kontemplację piękna gotyckiej budowli zastąpiły przykłady ze starożytności.

Zielone światło migotało o zmierzchu i jak na ironię
dzieci śpiewały piosenkę o królewnie i smoku z odległej krainy
a kontemplację piękna gotyckiej budowli zastąpiły przykłady ze starożytności:
dziś można je potłuc na drobne kawałki i przekazać w darze jakiemuś muzeum.

Dzieci śpiewały piosenkę o królewnie i smoku z odległej krainy
i po latach ślamazarna baśń zajęła należne jej miejsce w gronie nauk ścisłych:
dziś można je potłuc na drobne kawałki i przekazać w darze jakiemuś muzeum.
Mistrz wyrażał się z pogardą o alegoriach powszechnie przyjętych
      za dobrą monetę.

Po latach ślamazarna baśń zajęła należne jej miejsce w gronie nauk ścisłych;
choć nucił bezwiednie piosenkę o dzieciach wiodących lud na barykady
Mistrz wyrażał się z pogardą o alegoriach powszechnie przyjętych
      za dobrą monetę
kontemplował musztry, wertował bezinteresownie regulaminy. Marzył
      o olimpiadach.

Choć nucił bezwiednie piosenkę o dzieciach wiodących lud na barykady
Mistrz wiedział, że od zemsty wolą grę w białe ciałka do wynajęcia
kontemplował musztry i wertował bezinteresownie regulaminy.
Marzył o olimpiadach przedmiotowo-opisowych.

Regardless of creed, they plunge into disinterested contemplation –
De Quincey claimed it's due to opium.
When worldly women come to symbolize common sense
Artworks turn deadly, by hook or by crook.

De Quincey claimed it's due to opium –
No use scanning antiquity for examples:
Artworks turn deadly, by hook or by crook
And the sins of the world are cut to our measure.

No use scanning antiquity for examples.
The master's silver years passed gaily between rules and repentance
For the sins of the world, cut to our measure.
In spring, poplar leaves obscured the landmark tower of Löbenicht.

The master's silver years passed gaily between rules and repentance
Down a one-way street and ironically
In spring, poplar leaves obscured the landmark tower of Löbenicht
So examples from antiquity had to stand in for gothic contemplation.

Down a one way street and ironically
Children sang of metallic seducers in far-away lands
So examples from antiquity had to stand in for gothic contemplation:
Now they can be smashed and donated to a museum.

Children sang of metallic seducers in far-away lands:
Soon tricky eddies took their rightful place among the hard sciences.
Now they can be smashed and donated to a museum.
The master spoke scornfully of easily coined allegories.

Soon tricky eddies took their rightful place among the hard sciences.
Though he hummed a song about children manning the barricades,
The master spoke scornfully of easily coined allegories,
Contemplated rules and dreamed of disinterested regulations.

Though he hummed a song about children manning the barricades
The master knew they'd rather be white cells than deadly,
Contemplated rules and dreamed of regulations
Disinterested, crimson and scarlet.

Mistrz wiedział, że od zemsty wolą grę w białe ciałka do wynajęcia
zdradliwe jak metaliczny uwodziciel Wandy. Nęcony kwaśnym klinem
    siarki
marzył o olimpiadach przedmiotowo-opisowych na zboczach kolejowych
    nasypów bo
to, że nic nie dzieje się od dawien dawna widać na przykładzie Biskupina.

SPISANY

Na osobności, pod lipą, w bramie
i wrażliwej okolicy bikini
roniłbym łzy, jakby w ogóle o nic nie szło
poza szczęściem, któremu zawdzięczam wszystko
z czołgiem na czele. Wiem, że to nuży
i wolałbyś zoo globalne, dantejskie
poradzieckie, z czymś lepszym w tle
jak ty sam, wehikuł niejednej metafory.
Zresztą chuj z serialami:
porozmawiajmy o pogodzie w egzotycznych krajach
nie zawsze przecież pocztówkowej:
wszyscy wiemy, na czym rosną pieczarki –
i komu to przeszkadza?
Albo figi.
Byłem na balu z amnezją
w garniturze o barwie buraczków
i krawacie w kangury.
Od początku było na miękko
aż się znalazł telegram:
przechodził z kieszeni w kieszeń
spisując coraz więcej na straty
na migi zrozumiałe dla prasy
bez zacięć na rewelacje poławiaczy pereł.
I tam go zabili.
Koń twój żelazny w ogniu –
nie wiedziałeś? No to wiesz.

The master knew they'd rather be white cells than deadly,
Tricky as metallic seducers. Preferring the blaze of cheap wine
On pilings and bespattered embankments he dreamed on,
For nothing has happened since time immemorial. Take Stonehenge:

(28 December, 1991)

CHECKED

Respecting privacy, in the shade, along
that sensitive bikini-strap line
I'd shed tears were nothing at stake
but the luck I owe it all,
tank first and foremost.
I know it's tedious – you'd rather have
a global, Dantean, post-Soviet zoo
with a touch of class in the background
exposing you, many a tenor's vehicle, never mind
the soaps – indeed, screw them: let's consider the weather
in milder climes, not always picture-perfect
after all we know what mushrooms grow on
and in whose interest.
Or dates.

Amnesia, Aphasia and I
in a beet-red-suit
and kangaroo tie
danced at the mother of all balls
and from the beginning things
went swimmingly.
Then the telegram surfaced
changing pockets and writing off
ever more in shrugs and grins
and winks and nudges understandable
to the press, the kind not hell-bent
on pearl-divers' revelations.
That's where they killed it dead.
Thy horse of iron ablaze –
didn't you know? Now you do.

BUG HOUR

Po zachodzie słońca kot rusza na polowanie.
Kurczy się jak jeż w kącie pokoju, na półce
lub gdzieś za moimi plecami, blisko lampy
o nierównym blasku, śmiertelnego centrum
sterowania lotami komarów, ciem, muszek
i innych, nerwowych satelitów.

Kot pręży się, jakby miał skoczyć przez Bosfor
lecz gdy zatacza łapą łuk i chwyta
coś w powietrzu, robi to od niechcenia
jakby odganiał natrętów, a nie pracował
na deser. Pochyla łeb i ostrożnie
rozluźnia pazury: jest. Szybko do pyska.

Łatwizna. Trudniej złapać owada wysoko
nad ziemią, z wyskoku. Kiedy wbija wzrok
w spojenie ściany z sufitem
lub włazi na framugę drzwi
kurczę się i wbijam w fotel, jakbym
stał się pokaźnym owadem, zamarłym

w ostatnich mgnieniach życia. Ale dzwoni
telefon, to Adam Wiedemann narzeka
że ktoś ukradł mu moje sny. Obiecuję
wysłać nowe, gdy tylko je zapamiętam.
Adam spędził czas z pożytkiem w Norymberdze.
Do widzenia, cześć. Tym razem jest ćma.

Usiadła na ramie obrazu, reprodukcji „Zdjęcia z krzyża"
Caravaggia. Kot zeskakuje z framugi
robi kilka susów jak skoczek o tyczce
leci w powietrzu i obiema łapami
ściągą ćmę z czarnej, metalowej ramy.
Kuca jak królik, wpycha ćmę do pyska

rusza szczękami, mlaska, potrząsa łbem.
Bardziej cierpimy przez miłość niż pornografię.
Wyciągam z kosza na śmieci butelkę
w której zostało kilka kropel wódki.
Wylewam je na palec, przeciągam nim
wzdłuż warg, lecz nie mogę zabić smaku.

BUG HOUR

After sunset, the cat goes hunting.
He huddles like a hedgehog in a corner of the room,
on a shelf or somewhere behind my back, near
the flickering lamp, deadly centre
controlling the flights of mosquitoes, moths, flies
and other nervous satellites.

The cat crouches as if he were about to jump
the Bosphorus, but when his paw arcs and catches
something in the air, it's all legerdemain:
an off-hand gesture of annoyance rather than
labour for just deserts. He inclines his head and
carefully loosens his claws: got it. Shove in quick.

Piece of cake. It's harder to catch a bug high
above the floor, in midair. When he fixes his eyes
on the joining of ceiling and wall
or climbs on top of the door jamb,
I huddle deeper in my chair,
as if I were a sizeable insect

frozen in the last flash of life. But the phone
rings, it's Adam Wiedemann complaining
that someone has stolen my dreams. I promise
to send him some new ones as soon as I dream them.
Adam spent his time in Nuremberg profitably.
Bye, see you soon. This time, it's a moth.

It's sitting on a picture frame, a reproduction
of Caravaggio's *Deposition of Christ*. The cat jumps off
the jamb, leaps a few paces like a pole vaulter,
flies through the air and with both paws
pulls the moth off the black metal frame.
He squats like a rabbit, thrusts the moth in his mouth,

moving jaws, smacking tongue, wagging head.
Love makes us suffer more than pornography.
I remove a bottle from the garbage can,
a few drops of vodka left in the bottom,
pour them on my finger and slide it
along my lips, but can't kill the taste.

ŚWIATOWA STOLICA POEZJI

Kraków naturalnie
nawet na pierwszy rzut oka
bliżej pokrytych mgiełką gwiazd
wydziela opiekuńczą woń – ton powagi
w całkiem familijnej ironii
bez pogańskich pałaców kultury
baśniowych fallusów innych miast
łatwiej wyczuć własne osiągnięcia
niemal tak wyraźne jak przychylność śmierci
pod arkadami mniej znaczącymi
marne barwniki zaciemniają hasła
na T-shirtach kładą dowcipy rysunkowe
strugają zamiary aż zostaje z nich pył
hochsztaplerskie prochy wystawione na sprzedaż
w małych paczuszkach relikwie czasu
o którym lepiej zapomnieć

Ktoś porównał ten katolicki Disneyland
do rakiety balistycznej która miała w nas trafić
lecz zgubiła trop lub zapomniała na śmierć

Czujesz że jednak spadnie?

Poświst hord mongolskich słychać
w sambach granych na przekór
tradycyjnym formom kultury muzycznej
przez seksownych Brazylijczyków z importu
a poezja unosi się w powietrzu
i małe skanseny rosną w suterenach
na polu podrygują niedźwiedzie
dziki kręcą się na rożnach
wydawcy skręcają jointy o świcie
poeci śpią w różowiutkich śpiworach
wstając od czasu do czasu na mały
spacer wzdłuż krawędzi z katalogu
lub tylko w zarośla i z powrotem

(3 lutego 2002)

POETRY CAPITAL OF THE WORLD

Kraków, naturally,
even judging by appearances only:
closer to the slightly hazed stars
and free of the pagan palaces of culture
other cities sport like fabulous phalli,
it secretes a curative aroma – hints of seriousness
and irony for all the family,
a sense of accomplishment
nearly as obvious as death's friendliness –
which in less privileged arcades
seeps through the weak dyes of T-shirts
blurring assertions and visual puns
whittling intentions to a fine dust,
a con-artist's ashes repackaged and sold
as relics of times best forgotten.

In this Catholic Disneyworld
someone likened to a ballistic missile
that was about to drop on us but lost
its bearings or forgot all about it

you feel it will drop, after all,

the Mongol hordes' rush audible
in the sambas they put against
more traditional forms of musical entertainment,
importing suave Brazilians for the event
and blithe, bona-fide chefs from Zimbabwe
while poetry floats in the air
and little skansens proliferate in basements.
Outdoors, bears hop and boars twist on spits
as editors get high in the wee hours
and poets sleep in rosy bags
rising to take a stroll on occasion
along a catalogued ledge
or into the shrubbery, and back.

(3 February 2002)

Translated by the author

Marta Podgórnik, who was born in 1978, lives in Gliwice where she runs a bar called 'Desperado'.

Her publications include:
Próby negocjacji [*Attempts at Negotiating*]
(Łódź: 1996)
Paradiso (Legnica: Biuro Literackie, 2000)

MARTA PODGÓRNIK

UCIEKINIER BEZ POWODU

sygnały niezdrowego zainteresowania docierają co jakiś
czas, podobnie jak pocztówki z odległych miasteczek
sygnowane beznamiętnym „do zobaczenia" od kogoś,
w kim można się było zakochać, tylko przegapiło się

okazję. pozostawanie w przyjaźni z niezliczoną
ilością niedoszłych mężów i żon jak kolekcjonowanie
kapsli z niemożliwością wygrania jeszcze czegoś ponad
to, co już się otrzymało. a trzeba wkalkulować

mieszanie imion, rosnące rachunki telefoniczne,
niespodziewane wizyty. konsekwencje drobnych kłamstw
jak zimujący w kościach złośliwy nowotwór czekają na
swoją chwilę. odłożona na bok jak zaległe listy słuchawka

jeszcze ciepła ciepłem policzka, traci miarowy puls sygnału.
ostateczne rozwiązanie – rwiesz żyłę kabla strzępiąc opuszki
palców, cieknąc ryglujesz drzwi, udajesz, że wyszedłeś
i nie wiesz, kiedy wrócisz. po drugiej stronie światła gasną

z równą gwałtownością, chociaż nie wszędzie rozgrywa się
dramat. długa zima osłabia czujność, wypycha z resorów,
wymusza podjęcie ryzyka. kupisz pół litra, zmienisz adres na
etykiecie, znikniesz cicho jak wywabiona wybielaczem plama.

NASZ OSTATNI RAZ

kiepskie przyjęcie. goście są jak duchy,
tylko w telewizorze nadzieja. błąd w poniedziałkowej
sztuce, na szczęście nie do wychwycenia dla laików,
jakimi jesteśmy.

żółta skorupka schnie na wymiętym białym prześcieradle.
wyszedłeś – nie wytrzymałeś tempa. szyba lustra
prześwietla mi piersi jak klisze, zakrzywia pustkę.

tym słowem, którego nie chciałeś wypowiedzieć
zapisałam każdy mały skrawek papieru w twoich
kieszeniach, nawet bilet. teraz złościsz się
w pociągu na wspomnienie.

FUGITIVE WITHOUT A CAUSE

prurient signals come once in a while
like postcards from distant towns
signed with a level "see you" by someone
you could have fallen for, but missed

your chance. staying on friendly terms
with countless would-be husbands and wives, like collecting
bottle caps with no possibility of improving
your score. take into account

mixing up names, higher phone bills
unexpected visits. the consequences of minor lies
like a malignant tumour wintering in your bones
await their moment. the hand-set put aside

like unanswered mail still warm with cheek heat
loses its steady dial tone. the final solution – you tear at the vein
of cable, shredding fingertips, leaking bolt the door, pretend you're out
and don't know when you'll be back. on the other side

lights go out just as rapidly, though the drama
is not played out everywhere. long winter weakens defences,
pushes off absorbers, shocks
into taking risks. you'll buy a bottle, change the address
on the label, vanish softly as a bleached-out stain.

OUR LAST TIME

a lousy party, the guests are like ghosts
television, the only hope, is dashed by masterpiece theatre
unremarked by adepts at the art of losing
such as ourselves.

the yellow shell crusts on the rumpled white sheet.
you left – couldn't stand the pace. the mirror
exposes my breasts like film, curves the vacuum.

i've covered every scrap of paper in your pockets,
even a ticket, with the word you didn't want
to say. now you're angry, on the train,
at the thought.

wyrzucałeś mi, że jestem trupem i osunęłam się
właśnie w twoje łóżko. że płaczę i rozbieram się
zamiast wreszcie iść. wtedy nie wzięłam cię
poważnie, tylko do ust.

UNPLUGGED

tej nocy wszyscy jesteśmy jak wrzucane do
ogniska niedopałki. próbujemy znaleźć miarę
naszej pojedynczości w melanżu twarzy
i sylwetek, nie odnajdując nawet śladu
potwierdzającego czyjąkolwiek tożsamość.

skamle we mnie suka oddana w dobre ręce,
błądzące właśnie pomiędzy udami. kochałam
poprzedniego pana zbyt mocno, by jego
nagła zmiana mogła mną nie wstrząsnąć.
ale to normalka.

jutro uśmiechnięte kurwy w słonecznych
okularach wypną tyłki tarasując pobocze,
kiedy pomkniemy zalaną słońcem autostradą
szybkiego ruchu. ruchu, który nie zostanie
wykonany przez najbliższe dni.

PARADISO

całując twoje włosy parząc pierwszą kawę
puszczając wodę do wanny czuję się chwilowo
jak twoja żona to natychmiast mija gdy wychodzisz
pozostaje po tobie mały nieporządek

nigdy nie byłam święta choć z pewnością teraz
jestem lepsza niż przedtem to dość oczywiste
natomiast na pisaniu odbija się to coraz
gorzej i gorzej bardzo mnie to bawi

więc i po tej przygodzie pozostanie smutek
obierki fotografii kilka kruszyn wiedzy
na niebezpieczny temat i zapach czułości
którego nie znoszę zmywać w porannej kąpieli

you told me i was a corpse that had just
slumped in your bed. that i cry and take off
my clothes instead of leaving at last. i didn't take you seriously then,
just in my mouth.

UNPLUGGED

tonight we're like cigarette butts
thrown into the fire. we try to find the measure
of our singularity in the mélange of faces
and silhouettes but can't uncover even
a trace confirming anyone's identity.

inside me howls a bitch left in good hands
which at the moment are roaming my thighs. i loved
the previous man too much not to be shaken
by this sudden change
but that's all normal.

tomorrow smiling hookers in sunglasses
will stick out their butts, crowding the roadside,
while we whizz down the sunny fast lane,
a fast that will continue
for the next few days

PARADISO

kissing your hair brewing the day's first coffee
running a bath i feel temporarily
like your wife it passes instantly when you leave
and what remains is a minor disorder

i was never a saint though better assuredly
now than before it's rather obvious
but my writing suffers more and more
from it i'm highly amused

so after this adventure too sadness
will remain photo peelings some crumbs
of dangerous knowledge and a tender scent
i can't bear to wash off in the morning

ale teraz śpisz przy mnie bezpieczna lokata
wilgotnego dotyku powłóczystych spojrzeń
wiem że to tchórzostwo wypatrywać końca
po którym pozostaje mały nieporządek

STACJA DOCELOWA

nie ma się czym przejmować jestem młoda ładna
i absolutnie oddana pracy literackiej nie choruję
nie jestem niczym obciążona małe poranne zapaści
okazyjnie sen kolory i kontury

trwale niezdolna być może bezpłodna nie miałam
nigdy szczęścia kłamstwa okrucieństwa tego świata
czułe krótkie gwałty wszystko oglądane zza mokrej
szyby nie chodziło o mnie

nie przejmuję się czas tu płynie lekko i jest spokój
rozmawiam o nim godzinami szyby zaszły mgłą
myślę że właśnie przestałeś tu bywać pamiętam
przynajmniej jak pachniesz

pamięć przedmiotów można pisać całe książki
o kimś kto nie staje na wysokości zadania
dwie szczoteczki do zębów niepotrzebne słowa
te same dla każdego

nie chodziło o mnie całe życie łykam takie
momenty ale całe życie to w moim przypadku chwila
więc przed pierwszą zmarszczką trudno uogólniać
poziom komplikacji coś niby określa

bardzo wąska przestrzeń którą przeszło ostrze
wierzę że się wszystkiego doczekam
jak w piosenkach miłość musi być słodka i bolesna
jaki sąd w to uwierzy

but now you're asleep beside me
a secure investment of the moist touch
of long looks i know it's cowardly to look
to the end that will leave a minor disorder

FINAL DESTINATION

not to worry i'm young pretty
and absolutely devoted to literature healthy
unburdened minor morning breakdowns
occasional dreams colours and contours

permanently unable perhaps infertile never
had any luck lies cruelties of this world
tender brief rapes all watched from behind
a hazed window wasn't about me

i'm not worried time passes lightly here
and there's peace i talk about it for hours windows mist
over i think you've just stopped dropping by i remember
your scent at least

remembrance of things you could write whole books
about someone not rising to the occasion
two toothbrushes needless words
the same for everyone

i didn't mean me all my life i've been swallowing
such moments but life in my case is a flash
so before the first wrinkle it's hard to generalize
the level of complexity determines something i guess

the very narrow space through which the blade passed
i believe i'll have it all yet
as in songs love must be sweet and painful
what judge will believe this

Translated by Tadeusz Pióro

MARCIN SENDECKI was born in 1967 and lives in War-
saw, where he studied medicine before switching to
sociology. He worked as a co-editor of *bruLion* and,
with Marcin Baran and Marcin Świetlicki, co-edited
Długie pożegnanie [*The Long Goodbye*], an anthol-
ogy of poems, subtitled 'Tribute to Raymond Chan-
dler'.

His publications include:
Z wysokości [*From the Height*] (Warszawa:
                              bruLion, 1992)
Parcele [*Lots*] (Warszawa: *bruLion*, 1998)
Muzeum sztandarów ruchu ludowego [*Museum of
Popular Movement Standards*] (Legnica: Centrum
                    Sztuki – Teatr Dramatyczny, 1998)
Książeczka do malowania [*A Colouring Book*]
(Legnica: Centrum Sztuki – Teatr Dramatyczny, 1998)
Opisy przyrody [*Descriptions of Nature*] (Legnica:
                              Biuro Literackie, 2002)

MARCIN SENDECKI

MACIEK TANNER, RYTMY

Ciepło w ustach. Wszyscy
dla mnie dobrzy. Wykrzykuje
wszystko i wszystko się zwija,
więdnie i ląduje tu. Wszystko
dobre. Kartofle, listy, kopanie
kartofli. Nie opowiem ci żadnej
prawdziwej historii.

W (

Upić się szybko i spać. sekretny
ogród w poszarzałej ziemi. Ukryte w
kaszlu, w kilku taktach płuc). Mam
w ustach benzynę, pielęgnuję, palę.

***

Marcinowi Świetlickiemu

Dobranoc, ciemno. Tłuszcz klaszcze w
szklance. Nieładne zęby gryzą jabłko z wosku.
Sztućce, talerze i paznokcie śliskie. jest
sen. I we śnie się moszczą pocztówki błyszczące:
motyl, syrena, wąż z podwójnym prąciem.

***

skrzep słońca, sadzy i sytego mrozu; patrzę,
kiedy mówisz. nie wiedzieć, że nisko porusza się
śnieg i nazywam płaszcz, popiół i resztę przedmiotów.

MACIEK TANNER, RHYTHMS

Warmth in mouth. Everyone
good to me. Everything shouts out
and everything curls
withers and lands here. Everything
good. Potatoes, letters, digging
potatoes. I won't tell you any
true stories.

IN (

Get drunk quick and sleep, secret
garden in greyed earth. Hidden in
cough, lungs' few beats). There's
petrol in my mouth, I cultivate it, burn.

***

to Marcin Świetlicki

Goodnight, dark. Fat slaps in
glass. Ugly teeth bite wax apple.
Utensils, plates and nails slick, we have
slumber. And in slumber nestle glossy
postcards: butterfly, mermaid, two-dicked snake.

***

Clotted sun, soot and sated frost. I look
as you speak. No knowledge that snow
moves low and I name the coat, ash and the rest of things.

***

Skaleczenia, ciepłe. budynki w kropli żywicy
wyplutej z pociągu. W każdym z nich kłębek nici,
fiołkowa twarzyczka; wyciągnij lepkie palce, jeden
ruch, najmniejszy.

FRAGMENT

Każdy wers tego wiersza ciągnie
w inną stronę. Tedy szczur
biega między linijkami, podczas
gdy tytuł – wymierzony w słońce – pławi
się w morzu wirtualnych listków.
Tak dobrze? To daj.

NO, CHODŹ

Cienie świecą z billboardów. Po
przejściu przez tory chłopiec staje i
popędza psa. Nie spodziewaj się
cudu po rzeczowym zdjęciu. To
jest krzesło. To stół.

***

Pył wydaje się lżejszy, liście
oddychają; powoli, starannie.
Kochaliśmy się, a teraz mówimy do
siebie. Krople brązu wzbierają i
gasną, z każdym ruchem powiek;

***

Cuts, warm. buildings in a drop of resin
spat off a train. In each a ball of thread,
a violet face: stretch sticky fingers, one
move, the slightest.

FRAGMENT

Each line of this poem pulls
a different way. Thus a rat
runs between the lines while
the title – aimed at the sun – wallows
in a sea of virtual leaves.
The way you like it? So let's have it.

SO COME ON

Shadows shine off billboards. After
he crossed the tracks, the boy stopped and
hurried the dog. Don't expect a
miracle, it's a matter-of-fact shot. This
is a chair. Table's here.

***

Dust seems lighter, leaves
breathe: slow, careful.
We've made love now we're
talking. Bronze beads swell and
fade with each eyelid movement.

NIEDZIELA

Moje serce jest w kieszeni – Frank O'Hara

Światło płynnie przekracza granicę szkła,
miesza się z oddechem i dymem papierosów.
Żółta farba zstępuje ze ścian, pokrywa pościel,
łodygi sprzętów i jasny blat stołu. Moje serce
leży przede mną, nie porusza się.

GRYPS

:ręce, które podnosiły się, stygną
obejmując kolana, dotykając szklanek; nogi,
zmęczone pochodem, nieruchome w plastykowym
worku, wstępują po schodach; płuca, poparzone,
krztuszą się wodą, krwinki połykają sól.
Wjeżdżamy do miasta:

(89 / 90)

HUŚTAWKI

Pociąg z kurzu.
Niech przyjdzie i zje.
I który to snuł się po torach,
kiedy naprawdę dobry był ostatni raz.

SUNDAY

My heart is in my pocket – Frank O'Hara

Light seeps through glass frontiers,
merges with breath and cheap cigarette smoke.
Yellow paint descends from walls, covers bedding,
stalks of objects and the bright table top. My heart
lies before me, doesn't move.

SMUGGLED MESSAGE

: hands that raised now cool
hugging knees, touching glass: legs
tired of marching, still, in body
bags, ascending stairs; lungs, burnt,
choke on water, blood swallows salt.
We're coming to town.

(89 / 90)

SWINGS

Dust train.
Let it come and eat.
And who haunted the tracks
when the really good time was the last.

POWTÓRKA

Mieliśmy mały zawał w logistyce, coś
jakby szarża lekkiej blokady spod kantyny aż do gabinetu
szefa departamentu. Do tego dezynsekcja na najwyższym piętrze. Głowy
spadały jak sławne rakiety w odpowiednie kratki nowej siatki płac. U
nas skończyło się na reprymendzie. Niektórzy poczynili korzystne zakłady.
Widziałaś, co wypłynęło dzisiaj z sekretarki? Toner i krew.

UWAGA! W SPRZEDAŻY KANAPKI

Świat, któżby inny, wyraźnie się domaga kąśliwej uwagi.
Czapki, wejście w bramie. Czerwone i żółte ławice komórek. Złote
krzesełka układane w stos. Język był ostry, ale się wystrzępił.
Wejdźmy sprawdzić, czy naprawdę są. Są.

PAMIĄTKA Z CELULOZY

Teraz się połóż do czystego łóżka.
Teraz się przebierz, a tamto się spali.
Widok z okna na piętrze z widokiem
z parteru złożony i opowiedziany.
A teraz pora na nieprzyjemności.

To zrozumiałe. Po nocy na łodzi słońce
wydaje się tak instruktywne, że nie ma mowy
o zamknięciu oczu. A patrzeć warto. Jak się okazuje,
niedopałek ciśnięty na rozmiękłą ziemię spada na grudę.
Ciągle na wizji, bez przerw na reklamy.

To nieoględne. To nieuniknione.
Utonąć, żeby się dobić nieodpartej wiedzy.
Wytrzeć włosy i zmienić ubranie.
Potem wyszukać zacienione miejsce.
Sen przyjdzie cicho jak deszcz defoliantów.

RERUN

Had a bit of a breakdown in logistics, something
like the charge of the light blockade from the canteen to the department
head's office. Plus the exterminators on the top floor. Heads
rolled like famed rockets into the right slots on the pay scale. All
we got here was a reprimand. Some wagered to advantage.
Did you see what flowed out of the answering machine? Toner and blood.

CAUTION! SANDWICHES SOLD!

The world, who else, is begging for a snide remark.
Caps, courtyard entrance. Red and yellow shoals of mobiles. Golden
chairs stacked up. Tongue was sharp, but got frayed.
Let's go in to check if they're really there. They are.

CELLULOSE KEEPSAKE

Now lie down in a clean bed.
Now change your clothes, we'll burn these.
The view from an upstairs window and the view
from downstairs joined and told.
And now time for some unpleasantness.

That's understandable. After a night on deck the sun
seems so instructive, closing your eyes is out
of the question. And looking is worth it. As it turns out,
a butt flung on wet earth hits a frozen clod.
Non-stop action, no commercial breaks.

Regardless. Inevitable.
Drowning to glean irrefutable knowledge.
Dry your hair and change.
Then find a shady spot.
Sleep will come softly as a rain of defoliants.

Translated by Tadeusz Pióro

KRZYSZTOF SIWCZYK was born in 1977, lives in Gliwice
and works at the Mikołów Institute. He played the
role of Wojaczek in Lech Majewski's 1999 biographi-
cal film about that poet. He is co-editor of *Arcadia*, a
journal published by the Institute.

His publications include:
Dzikie dzieci [*Savage Children*] (Bydgoszcz:
                            Świadectwo, 1995)
Długie dno [*A Long Bottom*] (Katowice: 1988)
Emil i my [*Emile and Us*] (Czarne: Wydawnictwo
                            Czarne, 1999)
Wiersze dla palących [*Poems for Smokers*]
            (Mikołów: Instytut Mikołowski, 2001)
Dane dni [*Given Days*] (Legnica: Biuro Literackie,
                            2001)

KRZYSZTOF SIWCZYK

PRZYKŁADY

O czym każdemu się dotąd śniło,
wdało się tym razem w to ciało.
Między nami mówiąc, jest już
między innymi.

WZÓR

Prawda, że pasują do siebie:
chociaż nie zdradzają podobieństwa,
ich wyniki to suma
straconych okazji.

METAFORY I PORÓWNANIA

Zrazu zawinięta w swoje prześcieradło,
na wojskowych noszach, została oddana
w ręce skacowanych grabarzy.

Leżąc w jej pozycji, na rudym dywanie,
sprawdzam, jak to się ma
do mnie.

NATURA RZECZY

Może jeszcze nie tym razem,
a szkoda? Kiedy obcujesz już tylko z ciałem,
łatwiej przychodzi ci je przeceniać,
bo chociaż skronie nie mieściły tętna, to jednak.

Skrępowani są tylko ci, którzy kochają.
Reszta jest skwaszona i pije zdrówko.
Chciej zrozumieć, lata praktyki,
nie to co.

INSTANCES

What has been everyone's dream so far
has just now entered this body.
Just between you and me, it is already
between others.

FORMULA

Don't they just go together
without betraying any likeness,
their results a sum
of lost opportunities.

METAPHORS AND COMPARISONS

First of all wrapped in a sheet,
on a military stretcher, she was put
into the hands of stoned grave diggers.

As I take her place, on a reddish carpet,
I ask myself, what has it got to do
with me.

THE NATURE OF THINGS

Maybe not yet, not this time,
but so what? It is easy to overdo the praise
communing with the body
however little each temple contains its pulse.

The only ones tied up are those who love.
The rest are sour-faced as they drink their health.
Try to understand, years of practice
are beside the point.

ŻYWI KLASYCY

Nawet nie tyle, że rewidują zapatrywania,
ale kiedy zerkają w swoje oczy po latach,
bywają jacyś nieswoi i dziwią się
z czym do ludzi?

A przecież są dla siebie stworzeni.
Wzorowa para, wieczny przykład, który sam się
naśladuje. Nigdy nie mieli poza sobą
nikogo.

Owszem, zdarzali się bliźni: rodzice,
siostry, bracia, żony, mężowie, dzieci i inni.
Ale ta separacja nie groziła rozwodem,

nawet jeśli ktoś przestał się odzywać i
z szacunku dla wielkich słów wybrał
autoasfiksję.

DLACZEGO RACZEJ TO NIŻ TAMTO

Wszystko przypomina siebie i ledwo
zipie w tej ciągłej defensywie.
Efekt specjalny dla niewierzących?
I tylko raz za razem ktoś z nas ma szansę
na raz na zawsze, a na razie

dla języka wszyscy jesteśmy bez znaczenia.

TRZY JEDNOŚCI

Możesz powiedzieć wszystko,
co potrafisz zrozumieć,
kiedy mówi ktoś inny,
więc w dobrej wierze
nie dajesz temu wiary.

LIVING CLASSICS

They do not so much revise their opinions
as, when after years they take a squint at each other's eyes,
can feel ill at ease, and wonder
what have we got to offer?

And yet they are meant for each other.
A matching pair, perfect example which
imitates itself. Outside the two of them they had
no one.

Why yes, there were some occasional fellow creatures –
parents, sisters, brothers, wives, husbands, children.
But with this estrangement there was no threat of divorce,

even if someone stopped saying anything and
out of respect for big words chose
self-asphyxiation.

WHY THIS RATHER THAN THAT

Everything resembles itself and is almost out
of breath being continually on the defensive.
What special effects are there for the non-believer?
From time to time one of us gets a chance
for good and all, and for the time being

when language couldn't care less.

THE THREE UNITIES

You can say everything
you manage to understand
when someone else speaks,
but in good faith
you refuse to credit it.

Zdradza nas to, o czym milczymy.
Daj mi słowo, a powiem ci,
kim jesteś? Porzuć alfabet,
a staniesz się wreszcie słowny?
Spotkamy się gdziekolwiek,

bądź tylko wcześniej czy później,
ale jeżeli nie możemy niczego ustalić,
z ręką na sercu zaświadczam
o trwaniu jego
akcji.

It's the silences that betray us.
Do you give me your word, so I'll tell you
who you are? When you drop the dictionary
does it make you a man of your word?
We'll see each other any old where,

only make it sooner or later,
but if we don't settle this thing,
hand on heart I predict
the endlessness of its
action.

Translated by Piotr Szymor and Rod Mengham

Krzysztof Śliwka, who was born in 1967, lives in
Ząbkowice and Wrocław, but until recently spent most
his time travelling in Europe. He is currently enrolled
in the screenwriting programme at the Łódź Film
School.

His publications include:
Spokojne miasto [*Peaceful City*] (Kłodzko: 1989)
Rajska rzeźnia i inne wiersze [*Heavenly Slaugh-
terhouse and Other Poems*] (Dzierżoniów: OBOK,
1993)
Niepogoda dla kangura [*Bad Weather for
Kangaroos*] (Bydgoszcz: Świadectwo, 1996)
Gambit [*Gambit*] (Kraków: Studium, 1998)
Rzymska czwórka [*Roman Four*] (Poznań:
Obserwator, 1999)
Sztuka koncentracji [*The Art Of Concentration*]
(Białystok: Kartki, 2002)

KRZYSZTOF ŚLIWKA

PUNKTY ZWROTNE

Zbliża się południe. Nagrzane fasady budynków parują
po wilgotnej i niezbyt ciepłej nocy. Anonimowy tłm przegląda się
w szybach sklepowych witryn. Mam lekką gorączkę i dusi mnie
kaszel. Wczoraj chodząc wzdłuż Tybru obserwowałem
trenujących kajakarzy i przycumowane do brzegów barki.
W miejscu, gdzie cierpliwi wędkarze zarzucają przynętę
na węgorze, pływał nieskrępowany moją obecnością wodny szczur.
Przystanąłem i przez ułamek sekundy spojrzeliśmy sobie w oczy.
Teraz czuję, że łapie mnie grypa i będę to musiał jakoś odchorować.
Giorgio wyjechał na północ i nie wiadomo kiedy wróci.
Pozostali wyszli wcześniej do pracy z powodu zapowiedzianego
na dzisiaj strajku komunikacji. Nie sądzisz chyba, że mógłbym
w takim stanie napisać "Złote rybki". Tylko spójrz:
Marcello Mastroianni prosi o ogień i oddala się w bliżej
nieokreślonym kierunku. Umberto Eco w przebraniu listonosza
próbuje umówić się przez domofon z kucharką Sophii Loren.
Karol Wojtyła poszukuje pracy na budowie jako pomocnik murarza.
Drupi po przejściu operacji plastycznej reklamuje w telewizji
zestaw tuszu do rzęs. Giorgio Armani korzystając z okazji
projektuje ocieplany biustonosz dla Sabriny. Luciano Pavarotti
przymierza się do pobicia rekordu świata w skoku o tyczce.
Duch Federico Felliniego mówi o ożywieniu włoskiej kinematografii.
Giulietta Masina depilując zarost na twarzy przygotowuje się
do odtworzenia głównej roli w kolejnym odcinku "Ojca chrzestnego".
Koń Marka Aureliusza oprowadza wycieczki po Kapitolu.
Silvio Berlusconi zostaje kulinarnym capo di tutti capi w sieci
McDonalds'a. Gina Lolobrigida po przejściu okresu przekwitania
handluje dorywczo amfetaminą. Alberto Tomba rozpatruje możliwość
wstąpienia w szeregi Cosa Nostry. Aldo Moro wciąż znajduje się
w rękach porywaczy. Tymczasem ja leżę w bezruchu
i nie mam wcale zamiaru wstawać. Pod łóżkiem waruje jak pies
zabrudzony farbą kombinezon roboczy. Zawiesina patchouli
od kilku dni skutecznie oczyszcza ten pokój z nadmiaru
zepsutego powietrza. Telewizor w kuchni sączy ciężko strawne
dźwięki. Ale czy ty mnie jeszcze w ogóle słuchasz?
Wieczorem wybieram się do Air Terminal Ostiense na koncert
dedykowany Milesowi: to sprawia, że jednak wstaję i biorę
szybką kąpiel. O dwudziestej zagra Steve Grossman Quartet,
a po niedługiej przerwie pojawi się The New John Scofield Group.
O północy, już dla nielicznych, halę dworca wypełni kwintet
Franco Ambrosettiego, potem wyjdę na otwartą przestrzeń przecinając
dwupasmową Cristoforo Colombo i natknę się na trzy roześmiane

TURNING POINTS

Almost noon. Hot facades steaming
after a humid, tepid night. Anonymous crowds look
at their reflections in shop windows. I have a slight fever
and stifling cough. Walking by the Tiber yesterday I watched
rowers in kayaks and the moored barges.
At the spot where patient anglers bait eels
among drains stopped by a fallen tree
a newt swam uninhibited by my presence.
For a split second we made eye-contact.
Now I feel it's the flu and I'll have to get through it somehow.
Giorgio's gone north with no date of return.
The others left for work early because the transport workers
are due to strike today. You don't think I could have written
"Goldfish" in a state like this? Just look:
Marcello Mastroianni asks for a light and goes off
in an unspecified direction. Umberto Eco disguised as a postman
tries to make a date over the intercom with Sophia Loren's cook.
Karol Wojtyła is looking for work as a mason's mate at a building site.
Face-lifted Drupi advertises mascara sets on television. Quick on his toes,
Giorgio Armani designs a heated bra for Sabrina. Luciano Pavarotti
sets his sights on the world record in pole-vaulting.
The ghost of Federico Fellini speaks of a revival in Italian cinematography.
Giulietta Masina, removing facial hair, prepares to play the lead
in the next instalment of "The Godfather".
Marcus Aurelius' horse plays tour guide on the Capitol.
Silvio Berlusconi is the culinary *capo di tutti capi*
at McDonald's. Gina Lollobrigida, past menopause,
deals speed on the side. Alberto Tomba's enlistment
in the Cosa Nostra is pending. Aldo Moro remains
captive. Meanwhile, I lie motionless.
No intention of rising. Under the bed, my paint-stained overalls,
watchful as a dog. Days-old patchouli residue has rid
the room of foul air. Indigestible sounds drip
from the kitchen tv. But are you listening to me at all?
Tonight I'm going to the Miles memorial concert
at Air Terminal Ostiense: that makes me get up and shower
quick. The Steve Grossman Quartet at 8,
then The New John Scofield Group. At midnight,
for the benefit of the remaining few, the airport hall
will fill with the sound of the Franco Ambrosetti quintet,
and then I'll go out into the open, cut across
the Cristoforo Colombo expressway and run into three laughing

prostytutki, lecz wcześniej przewinę przez gardło słowa Karola:
("Trzymaj się Krzychu! Wartości to pieski, które kiedyś oswoisz
znalezionym na dworcu kawałkiem chleba") i uwierzę, że koniec
jest blisko.

SESTYNA

Zabarłożył barbarzyńca pryszczaty bies
Szarpnął kagańcem zezowaty pies
Wiatr napinał chybotliwe wanty
Językiem spływały milczące kuranty
W eter wsiąkały errat domina
Trup amfetamina trup amfetamina

Kanałem dryfował trup skopolamina
Dławił się śliną harpagoński bies
Ktoś ustawiał kolumny z kostek domina
W kącie ujadał dziabnięty pies
Wokół milkły klaksonów kuranty
Dłonie ujarzmiały rozedrgane wanty

Czy aby na pewno były to wanty?
Windą przełyku sunęły ekstatyczne fanty
Dudniły nieparzystych rytmów kuranty
Pękał ze złości wyszczerbiony bies
Z zazdrości wył jak nie dokarmiony pies
Runęły kaskadą układanki z domina

Czy padną rekordy? Czy starczy domina?
Pod jakim naporem zerwą się wanty?
Kogo w ostateczności szarpnie pies?
Kto zgarnie deputat bielunia z ranty?
Na kim zawiśnie zawszony bies?
Jakim zapuszczonym traktem śmigną kuranty?

Zatem nieważne kogo spłoszą kuranty
I gdzie zapodzieją się słupki domina
Za niecką zatoki czai się bies
Woda przybiera sięgając po wanty
Ktoś żuje psylocyb z batonem Bounty
Śliniąc się i warując niczym pies

prostitutes but first rewind Karol's words on my palate
("All right, Krzysztof! Values are doggies you'll tame one day
with a piece of bread you found at the station") and believe the end
is near.

SESTINA

Sleepy barbaric pimply bi's
Nuzzle crosseyed nervous pies
Winds tense sags when we're randy
Down silent tongues drips brandy
Ether absorbs erratas' dominoes
Amphetamine's corpse corpse amphetaminose

Down the canal drift dead Spaghetti-oes
As the drooling devil finally buys
Columns by the gross signed D & The Dominoes
While a stoned cur has his fill of pies
Horns hush as we welcome a grandee
Controlling hands make the boys randy

But was the grandee really randy?
Down the gullet's shaft slid x-brandy
Uneven rhythms tolled for a dandy
Rage devoured the gap-toothed bi's
Jealous as dogs of their oyster pies
And relationships tumbled like cascading dominoes

Will records be broken? Are there enough dominoes?
What god man or hero needs brandy?
Whose lasting commitment to pies
Will make Pisceans randy?
Make galley-slaves of rank bi's?
Cut through the slough of your candy?

No matter who fears your candy
Nor where glint the bones of dominoes
Beyond the bridge lie the bi's
In ambuscade up to their eyes in brandy
Psylocybin mushrooms make them feel just dandy
Drooling and ruling over those pies

Wiadomo zresztą którym tropem podąży pies
Z jakim impetem rozbłysną kuranty
Czy będzie to sporysz czy laudamina
Czy też wciągająca partia domina
Zaskoczony w ofsajdzie oparty o wanty
Wiem nie zabrzmią już szanty ani inny bies

Pytasz więc co ma amfetamina do domina?
Wsłuchany w kuranty zaszczuty jak pies
Chwytam za wanty i gorzknę jak bies

And we know all there is to know about pies
And how tolling will harden the candy
Will it be LSD we'll pay for through the nose
Or an engaging round of x-dominoes?
Caught off-side face as sorry as randy
I know: no more shandy nor shady alibis

Nosing amphetamine would you play dominoes?
In thrall to brandy and enchanted pies
Let's sweeten to randy embittered bi's

Translated by Tadeusz Pióro

DARIUSZ SOŚNICKI was born in 1969, lives in Poznań and works at a textbook publisher's. He was the co-founder and co-editor of *Nowy Nurt*.

His publications include:
Marlewo (Ostrołęka: Pracownia, 1994)
Ikarus (Wrocław: Pomona, 1998)
Mężczyzna w dominie [*Man in a Domino*] (Legnica: Centrum Sztuki – Teatr Dramatyczny, 1999)
Symetria [*Symmetry*] (Legnica: Biuro Literackie, 2002)

DARIUSZ SOŚNICKI

AKWARIUM

Lipiec napęczniał nagle, znieruchomiał.
Pot perli się na wszystkim: na liściach kapusty,
na rynnie, w końcu nawet na resztce powietrza;
tynki nabierają wilgotnych rumieńców.
Sen wypadł z obiegu. Dopiero nad ranem
chłód budzi się pod podłogą, przywiera do ściany
i wspina się po niej jak ślimak. Akwarium
prawie już nie oddycha, ciemnieje i cuchnie.
Marnieją strąki w ogrodzie, fasoli i grochu,
telewizory w mieszkaniach krztuszą się i gasną;
z rozmów przestaje cokolwiek wynikać.
Zaś burze? Cóż, niczym gęsi przemierzają niebo,
dbając jedynie o miarę w odstępach.

PRALNIA

Umyliśmy się po kolei w plastikowej misce, wytarli
i wciągamy ręczniki na maszt sznura w kuchni –
sztandar mydlin, wilgoci i zapachów ciała.
Ciepłe prądy znad piecyka wzruszają powietrze
i nas skłaniają do frywolnych posunięć.
Nasze palce są tępe jak drewniane sztućce.
Nasza skóra jest głucha jak wosk.
Szyby zmętniały od pary i jest im niedobrze.
Zmatowieliśmy od pary i jest nam niedobrze.
Składamy się w kostkę, mokrzy, i kładziemy spać.

KUCHNIA

(Ręczniki wiszą na drzwiach korytarza jak liście selera,
buty w środku areny z piasku niczym korzenie pietruszki,
butla z gazem jest bryłą nie napoczętego sera)

– wielka lodówka.

FISH TANK

July swelled suddenly, stilled.
Sweat beads on everything: cabbage leaves,
drains, even what's left of the air;
plaster warms to damp blushes.
Sleep's out of the running. Only towards dawn
cold wakes under the floor, hugs walls
and climbs them like a slug. The fish tank
can barely breathe, it darkens and stinks.
In the garden, pods rot, beans and peas,
in homes, tvs choke and die:
conversations lead nowhere.
And storms? Like geese, they traverse the sky,
mindful only of measured intervals.

WASHROOM

We take turns washing in the plastic basin
and fly wet towels from the mast of the kitchen clothes line –
a banner of suds, moisture and body odours.
Warm currents above the boiler stir the air
and incline us to frivolous acts.
Our fingers are dull as wooden spoons.
Our skin is deaf as wax.
The window panes are mired in steam and feel ill.
We're matted by steam and feel ill.
Wet, we fold ourselves in four and lie down to sleep.

KITCHEN

(Towels hang from the door like celery leaves
shoes in the middle of a sand arena like parsnips
the gas cylinder is a wheel of virgin cheese)

– a great refrigerator

IKARUS

jest wypełniony, ledwie kilku ludzi
w jasnych ubraniach, rozmawiają cicho;
lecz silnik ma temperament i strzępków jest cała
masa topolowego puchu – stąd tyle gwaru i ruchu.

Poluje na te strzępki dziewczyna z niemowlęciem:
oto szczęście, uda mi się nałapać,
to będę szczęśliwa; niechby,
ale nie można tak trząść się

i kiwać na skrzypiącym siedzeniu,
jeść pierdolonych cukierków. Czy muszę
myśleć o każdym połamańcu? Przez chwilę nie widać ziemi,
gdy patrzę za siebie przez szybę – paski błota odpadają od opon

i smuga w powietrzu zostaje, jasna, wśród kasztanowych gałęzi.

LIŚCIE

osypują się z drzew tak gwałtownie,
że zaspy rosną przy krawężnikach,
w zaułkach i pod ścianami budynków.
Tramwaje brną przez zasłane ulice,
gubią ślad szyn i widzisz je
potem, tłukące się po trawnikach,
z nosami przy wystygłej ziemi. Niebo
przegląda się w witrynie sklepu i wszystko
jest zapisane w cienkim zeszycie w linie. Moja
studnia jest pełna gałęzi i kurzu, kran krztusi się
kostką lodu; kto po mnie przysłał

to ciasne ubranie?

IKARUS*

It's full, barely a few people
in bright clothes, talking quietly:
but the engine is temperamental and shreds
of poplar pollen a-plenty – hence the hubbub and agitation.

A young woman with an infant tries to catch these shreds:
it's for luck, if I catch enough of them
I'll be happy; maybe so,
but you can't rock

and sway like this on a creaky seat,
eat fucking sweets. Do I have to think
about every single weakling? For a minute I can't see the ground
as I look behind me through the window – strips of mud fall off the tyres

and in the air a bright streak between chestnut boughs.

LEAVES

Shake themselves off trees so violently
that drifts rise along curbs
in alleys and under building walls.
Trams plod through strewn streets
lose sight of their tracks and you see them
later roaming the greens
snouts down by the cold earth. The sky
looks at itself in a shop window and everything
is written in a thin, lined notebook. My
well is full of twigs and dust, the tap chokes
on an ice-cube: who sent

these tight clothes to get me?

* Ikarus is a make of bus, common in Poland

PAKT

Późną lutową nocą otwieram okno w kuchni
i wietrzę ją z resztek pary ze

schnącej nad piecykiem wypranej bielizny.
Blask światła z korytarza, które

zapalam co wieczór na przekór owadom,
odsłania rzeczy, które nie są odbiciem żadnych

lepszych rzeczy: studnia wyrosła z ziemi na
wysokość kręgu, krzak róży, chodnik narzucony grządkom.

Wiatr ściąga liść z wycieraczki, okręca i puszcza.
Bierzemy się ze światem w nieładne ramiona.

JAK ZEJŚĆ PO SCHODACH

Jak zejść po schodach
starszy o niepodjęty świergot dzwonka,
o kartkę, którą zostawiam w drzwiach?

W obcym domu poręcze
odwracają się do mnie plecami.

PACT

Late February evening: I open the kitchen window
and air out the steam left

by the laundry drying above the boiler.
From the hall, a glow of light

I turn on every evening to spite bugs
reveals things which are not reflections of any

better things: the well's casing raised just a foot
above ground, the rosebush, the path imposed on the beds.

The wind drags a leaf off the doormat, whirls and lets it go.
The world and I take each other into unlovely arms.

HOW TO WALK DOWNSTAIRS

How to walk downstairs older
by a bell's ignored chirp
by a note I leave on the door?

In a stranger's house, banisters
turn their backs on me.

Translated by Tadeusz Pióro

ANDRZEJ SOSNOWSKI, poet and translator, was born in 1959 and works as an editor for *Literatura na Świecie*. His translations include selected Cantos by Ezra Pound, selected poems by John Ashbery and Ronald Firbank's *The Flower Beneath the Foot*. His forthcoming book of poems, *Taxi*, will be published by Biuro Literackie this spring.

His publications include:
Życie na Korei [*Life about Korea*] (Warszawa: Przedświt, 1992)
Nouvelles Impressions d'Amerique (Warszawa: Przedświt, 1994)
Sezon na Helu [*A Season in Hel*] (Lublin: *Kresy*, 1994)
Stancje [*Lodgings*] (Lublin: *Kresy*, 1997)
Konwój. Opera [*A Convoy. An Opera*] (Wrocław: Pomona, 1999)
Zoom (Kraków: Studium, 2000)

ANDRZEJ SOSNOWSKI

TROP W TROP

No i ogień dogonił nas w połowie drogi
i klapser już za moment da nam sygnał.
Broczyliśmy, wróć, kroczyliśmy a teraz
w nogi i z górki jak woda na młyn
bez powietrza i bez ziemi, byle było
o czym śnić. To proste jak piosenka,

tyle serca, taki gest. Ale czy ten
na wysoki połysk i pozór różnobarwny
sznureczek dni, kalendarzowe kartki
błyskające jak egzotyczne znaczki
w klaserze to był nasz lont, bazyliszku?
Obawiam się, że ładunki mamy przy sobie.

Obawiam się, że stajemy w obliczu, sir.
Błysk zapałki. Hieni śmiech i światło
wybucha na twarzy. Bang. Publiczność
nakrywa się nogami. Bohater
odjeżdża w fatalnym świetle
oglądając się na zgliszcza imperium.

Łuna błyszczy w oczach jego narzeczonej.

A my świecimy nieobecnością, neonki
w zapuszczonym akwarium. Ten dźwięk,
burdon, kiedy zacząłeś go słyszeć
pod słynną melodią do snu czy może z góry
przyjąłeś, że tło nie gra roli? A jednak
nawet przez sen zostawiasz ślady i tylko
niektóre z nich są całkiem jasne jak coś
co nie przypomina krwi lub nią nie jest.

OSTATKI (11/12 sierpnia 1993)

Ale kiedy będzie robił przegląd swoich ulubieńców
to chyba nas nie znajdzie, choć lubiliśmy spektakle
sezonów, gwiezdne zapusty, szum nieba
broczącego światłem tamtej sierpniowej nocy
kiedy płynęliśmy na wstecznym biegu aż pod ścianę lasu
śmiejąc się do krawężników, zrywając boki w zielonym

TROPE FOR TROPE

Halfway there and the flames engulfed us
the prompter will be on cue in a minute.
We flowed, no we didn't, we fled and now
upright now head down you go like water through a mill-gate
out of breath and out of your depth that should give them
something to dream of. As plain as the words in a song

'just like a woman'. But this
high-gloss, semi-technicolour
shoestring of days, pages torn from a diary
glowing like eclectic postmarks
in the album – was it for this, dear basilisk, we lit our powder train?
The explosives are in our possession

I fear, this is it quite frankly.
A match flares up. There's a cackle of hyenas and the light
blowing up in our faces. *Wham!* The audience
curls up into a ball, while the hero
drives away into the weird glare
glancing back over his shoulder at the clinker of empire.

The aureole sheens in the eyes of his bride to be.

Meanwhile, we are quite patently elsewhere, fluorescent fish
in a derelict aquarium. When did you start hearing things
like the refrain underlying that famous lullaby
or did you work out in advance that background noises
won't get a look in? Even when sleeping you leave a trail
and only a part of it can be read
when it doesn't look a bit like what it isn't, which is blood.

SHROVETIDE (11/12 August 1993)

But when he conducts the survey of his loved ones
we won't be in it, even though we loved the encore
of the seasons, the carnival of stars, heaven's heavy-breathing
flooded with light on that August night when
we reversed smoothly into the side of a forest
hooting at the kerbs, splitting our sides

nierządzie lata. Chcieliśmy osunąć się
na miękkie łachy świtu, tymczasem noc
zagarnęła nas w niebo meteorów.

Cóż, gdzie indziej inaczej myśli się o życiu.
Kiedy z papierosami w ustach na niepewnych nogach
staliśmy rozkołysani, dwa statki na kotwicowisku
lustrujące się seriami niejasnych sygnałów –
czy nie pragnąłeś być jedynie perspektywą,
polem mojego widzenia, nie zaś rzeczą olśnioną
bladymi płomykami na twoich ciemnych szkłach?
Taka gęsta atmosfera. Jakby moje dni
były otaksowane, a twoje wargi gotowe
już mówić, że ach, tamtym razem
(a był to ostatni raz) los
działał stanowczo w sposobie patrzenia,
gdyż ten, który wszechobejmuje, unosi
w przyszłość rzecz dawno minioną,
wycofaną przez życie z obiegu
jak meteoryt. I od tej pory
twój każdy krok będzie donikąd,
gdzie na ciebie czekam.

SEZON NA HELU

Banquo: It will be rain tonight.
1st Murderer: Let it come down.

Spóźnieni wchodzimy w lato, nasze zegarki
zostawmy na plaży. Czas też
miewa przygody, na przykład za chwilę
twój słoneczny sygnet zniknie w mokrym piasku
zachodząc w ulewie stóp tej smagłej gromadki.
I wilgoć będzie mogła śnić swój sen o muzeum
snując się wzdłuż sprężyn i kamieni
i parując pod złotą kopertą
aż po kres morza i czasu.

Co noc z moją panią wypijam pół litra.
Ubrani tak samo na randkę, chandrę i do pracy
niekiedy istotnie zdarzamy się czasowi,

the summer was so green and so depraved.
What we needed was to sink down onto the
soft banks of dawn light, but night was
scooping us up into a heaven of meteors.

Well, they order these things differently in other parts.
When we stood swaying on wobbly legs
cigarettes stuck to our lips, two ships at anchor
giving each other the once over, sending unreadable signals –
don't you pine to be just a perspective
in the field of my vision, not something dazzled
by the pale flickers on your shades?
The atmosphere is so oppressive. It's as if my days
had been inventoried and your lips prepared
to say, well, on that particular occasion
(which was also the last) fate
made up its mind, kept a weather eye open
in so far as the all-embracing one spirits off
into the future something lost long ago
that life withdrew from circulation
like a meteorite. And ever since
every step you take follows the road to nowhere
and that's where I'll be waiting.

A SEASON IN HEL

Banquo: It will be rain tonight.
1st Murderer: Let it come down.

We're too late for summer, so we leave
our watches at the beach. Time has its
own escapades, such as the brief interval
when your glittering ring is swallowed by wet sand
setting like cement in a downrush of bronzed feet.
And the damp can dream its dream about the museum
uncurling over the springs and jewels
exhaling under the golden watch-case
until the sea and time itself both end.

Every night I down a half litre with the wife.
Rigged out the same for a date as for working or moping
sometimes we put ourselves in the way of time

fosforyzujące punkty na krótkiej wskazówce
półwyspu przestrzeni nad tarczą morza. I tak bardzo
jej potrzeba przestrzeni dożycia lecz my
las starych umocnień, faszynowe płotki
zasypiając czas lekką stopą
zasypany w piasku.

Tak niweluje się wydmy w służbie czasu.
Przydarzasz się słońcu, kiedy indziej chmurom
ale nader rzadko, więc nosisz się zagadkowo
wkręcając czas butem w piach jak niedopałek.
A czasem znów z morską latarnią przy ustach
odwracamy światło i nadajemy się rano
w kopertach bez adresu. I pada deszcz.
Nieruchome grzywacze piętrzą się nad nami.
O spotkaniu naszych oczu będą milczeć media
choć zapadły na nim decyzje wyjątkowej wagi.

BĘDĘ CZEKAĆ

I

Niech już będą błogosławione chwile zapomnienia.
Z początku myślał, że jest w najlepszym gatunku.
Płaszcz, szpada. Tendencyjne sny przyszły potem.
Ktoś centrował mu koło, ktoś wykręcał wentylek.
Pizdę zlokalizował gdzieś w okolicach pęcherza.
Och, i złe dziewczyny, i całe zastępy harcerek.
Och, i seks w toalecie, nocą perfidny rowerek.
Ale zaciął się w sobie, mówił, że będzie czekać.
Będzie czekać i czekać, choćby miał i pauzować.
Pauzować z żoną, dzieckiem, czekać z kochankami.
Pauzować nad lodem w szklance, czekać z narkotykami.
Pauzować i repetować, repetować i znowu pauzować
Aż do śmierci usranej i cień w cień z tą śmiercią
Sielską przecież, anielską według litery prawa.

II

Ciężkostrawna jest dieta dzieciństwa, a fazy
życia ustępują jak fazy choroby. Tylko poeta
nabywa biegłości w ucieczkach, bo dopisuje mu
pióro, kiedy idzie przez atramentową pustynię

luminous points on the peninsular little hand
sitting on the dial of the sea. And
she needs that world enough and time, though our hearts
are in our knapsacks and we're only cleaning up
the old brushwood sea defences, the defile of shrubs
and we drift off to sleep as time with the lightest tread
is buried in the drift of sand.

This way, dunes are on the level in time's employ.
You meet with the sun, or you meet with the clouds
but not that often; which is why you act mysterious
and flatten time underfoot like a fag-end.
Then again, there's a lighthouse at your lips
and a light we revolve before morning comes and we
despatch ourselves without addressing the envelopes.
Rain starts to fall. The standing waves lean over us.
On the meeting of our eyes there is media silence
though events have since shown its momentous importance.

I'LL BE WAITING

I

At last the crowning moment of oblivion.
On the starting-line he was second to none:
One cloak, one dagger. All the high-flown dreams were still in the rear.
Each wheel was bent, the air flowed freely out of the tyres.
He had the cunt down as a neighbour of the bladder.
Oh, naughty nymphets! Oh, troops and troops of girl-scouts!
Oh, sex in the toilet, those nights of pedalling unmoved.
But he collected himself, said, I'll be waiting.
Waiting and waiting, to include the odd interval.
Intervals with wife, with child, putting things off with lovers.
Intervals over ice in the glass, putting off drugs
Stopping and starting, repeating and stopping again.
Until the acrid moment of truth, a shadow of the shadow of death –
Slightly pastoral, even angelic in the strictest sense.

II

The diet of childhood rises in my gorge, and the stepping-stones
Of life lead off like the padding feet of illness. The poet alone
Summons his skill in a backwater, the wake renews itself for him
As he stalks through the ink-dark desert

z wiosłem jak Ulisses, gdyż poeta kocha pióro
wiosła zbyt gwałtownie wyjętego z wody i wie,
że ojczyzną i harmonią wszystkich sztuk
jest tętniące serce kobiety. Ale pisze dalej

kiedy nagle się ściemnia: "Zamówcie u Lacroix
Budowę okrętów, Mały kabotaż i *Konstrukcje
morskie* Bonniceau!" Dobre sobie, po prawdzie
kabotaż to nie sabotaż ani pilotaż, a jednak

mały jest jak bezpieczna miłość, a dziecko
to narastający ból: o rzut kamieniem każdy
port i zleżały kilwater jak transmisyjny pas
niesie nas przez morze zajeżdżone na śmierć

jak Goryczkowa w maju. Jesteśmy przesterowani.
Czekam. W podziemiu starego fortu o północy
ściągniesz spodnie i spoczniesz na brzuchu
gdzie nietoperze zesrały się na srebrno.

Będę miał kompres z wody Burowa pod ceratką
na obrzmiałym członku, ty zapalone wiosło
w zaciśniętych zębach. W tym świetle któreś z nas
sobie umrze. To drugie poczeka.

PIOSENKA DLA EUROPY

Tęcza? Nikt jej nie widział od czterdziestu lat,
co znaczy "koniec świata", albo coś w tym stylu.
Nie schodź do schronu. Kiedy najdosłowniej
miłość jest magią, która dzieli życie
przez rozkosz i stratę – jak syrena
przecina pamięć przed nalotem wspomnień –
jesteśmy w Niemczech na granicy z Francją.
Narasta sen o wojnie kontynentów.
Nocą polucje fabryk, łuny, dysonanse
a styl tej historii jest tak nieuchwytny, że wiersz
trzeba pchnąć tym torem, potem tamtym, by trafił
do rąk nieznanego adresata.

Tak nigdy nie było. Tak naprawdę było.
Będziesz nim? Dziwna schadzka – szmaragd

Oar in hand like Ulysses. The poet lives and dies for the wake
That spills from an oar that whips through water
The only begetter of art and its rhythm section
That he knows is beating in a woman's heart. But he writes all the same

When the dark gets darker: 'Place my order with Lacroix for the following
Titles: *Shipbuilding Materials*, *Minor Portage* and *Naval
Construction*, by Bonniceau.' Say what you will, we're talking
Portage not sabotage nor pilotage, minor

Like risk-free sex, not major like
The ever-growing pain of a child: every harbour with its brackish
Conveyor belt of bow-waves carries us a stone's throw
Across the ocean hunted to extinction

Like Aspen in May. We are blown off course.
I'll be waiting, of course. Beneath an old fort in the middle of the night
When you pull down your pants and lower your belly
On the spot where the bat droppings show silver,

And I'll have a silvery acetate compress
Over an enormous erection, while you clamp your teeth
On a smouldering oar. On such a night as this
Either one of us will die. But the other will be waiting.

A SONG FOR EUROPE

Is that a rainbow? No-one has seen one for forty years
it's the end of the world or something of that kidney.
Do not run to the shelter. When love is
quite literally an occult power divvying up life
into equal parts bliss and loss – like the siren
slanting through memory in the air-raid of flash-backs –
this is Germany close to the French border.
The dream enlarges of the battle of continents.
The factories spew by night, there are discords and afterglows
and the style of this tale is impossible to pin down
so the poem is shoved this way and that before ending up
in the hands of an unknown recipient.

It was never thus. No, it was ever thus.
Will you be the one? Such a strange encounter – with an emerald

na twojej szyi i cienie na oczach – uśmiech
czy opaska żałoby po słowie, które zginęło?
Szmaragd, żebyś nie zapatrzyła się
w siebie na śmierć? Żeby wiersz podszedł
cię jak cień i przesłonił oczy, ten
wiersz – cień rzucony na prawdę z głębi
łzy, odprysku światła, szklanej kropki
kończącej rozmowę rozbitych luster?

Bądź nią po wszystkim i w ciszy all clear.
Czy nie byliśmy okrutni wdając się tak lekko
w to ciemne życie bez jednego słowa
kiedy usunęłaś grunt spod moich stóp i niebo
zaniosło się śniegiem? Miłość
nie jest tym słowem, ani żadnym innym.
Wiersz je wypowiada jak wojnę błyskawiczną.

DZIECIOM

I księżniczka zmieni się w ropuchę, a książę
zbiegnie na północ krzycząc z trwogi? Spluń
i chodź. Ten podskok brwi, twój chytry gwizd –
czy wystarczą, żeby worek z piaskiem
złożyć w szybującej gondoli spaceru
przez zielony schyłek dnia, przez miasto
tak nieświadome przemiany w baśń, że zmrok
przekomarza się jeszcze tylko z pukaniem
piłek na kortach i zgrzytem huśtawek
na nocnych placach zabaw? Jak dwa cienie
z obrazka na końcu książki, i gwiżdżąc,
przez obszar pomiędzy dokąd i donikąd,
trzymając się za ręce. Te śmieszne delfiny
okalające figurę bogini powstającej z fal
w światłach wielkiego budynku i plujące
wodą – czy nie są jak aplauz
wokół iryzującej gwiazdy? Ale ty mówisz cyt,
ty chcesz patrzeć. Niewiarygodni szaleńcy!
Który odrywasz się od tłumu pod fontanną,
który wchodzisz do muszli basenu obnażony
i ocierasz o wilgotny posąg do spazmu
na kamiennych pośladkach! Sygnatura

round your neck and a shadow on your eyeshadow – is that a smile
or a veil of mourning for the words that have gone missing.
Is the emerald so that you won't
distract yourself? So the poem can tail you
like a shadow and screen your eyes, I mean this
poem – a dark spot on the truth fetched up from the depths
of a tear, a shiver of light, vitreous full stop
that terminates all this chat about broken mirrors?

Be her, be the one left over, in the quiet of the 'all clear'.
Perhaps we were callous to be drawn so easily into
the black-out life with never a hint
when you took the ground from under my feet
while the sky took an overdose of snow? Love
isn't the word, but neither is any other. The poem knows this
and declares it, as if it's declaring the Blitz.

FOR CHILDREN

And the princess will change into a toad, and the prince
will flee to the north in terror. Just expectorate
and come over here. That raised eyebrow, that cunning whistle –
are they enough to fill a sandbag
in the gliding gondola of our stroll
through the green embers of the day, through the town
so unwittingly changed into fable, that dusk
still rallies for a while with tennis balls
and creaking swings in the playgrounds
of night? Like two shadows
cast by the picture at the end of the book, and whistling
over the gap between whereto and nowhere,
we're holding hands. The amusing dolphins
spouting water and ganging up on the figure of
that goddess newly created from waves
in the light shining from an immense building—
aren't they just like the applause that greets
an iridescent star? But you say hush,
you want to look. You incredible nutters!
You who drag yourself away from the crowd round the fountain,
plunge naked into its basin
and proceed to a knee trembler with the dripping statue,
coming all over its stone rump! Is that the signature

rozkoszy? Graffiti na oczach smutnej
gawiedzi, która musi czuć,
że pewne akta podpisuje się tylko krwią?
Co niniejszym czynię.

ZMIENIA TO POSTAĆ LEGENDARNYCH RZECZY

Jednak ktoś kontroluje stacje i zwrotnice
śląc nasze pociągi pod wskazany adres.
Ktoś zawiązał węzeł i zostawił końce –
trzeba je utopić w wodzie albo w snach.

Bo mam coś w głębi nie do przedstawienia.
Przepowiada to wstrząs w naszym państwie.
Bardzo w rodzinie, choć bardziej sierota
zbyt długo w słońcu z kołnierzem na uszach

idę wzdłuż Tamizy ciągnąc koniec sznurka
i rozwiązuję lekki pierścień świata.
Być więc i nie być, oto jest pytanie.

W jego kruchej głębi spoczywa latawiec.
Biegnę w górę ulicy i płoszę gołębie.
Ty unosisz oczy i wiatr wyje w dzwonach.

PO SEZONIE

To morze zamarzło, lód aż pod widnokrąg. Pagórki piasku, wody
zmieszanej z piaskiem tak dokładnie, że kuleczki tej nowej materii
mają konsystencję firnu, sterczą tam, gdzie był przybój i dopiero za
nimi rozciąga się zamarznięta tafla, otwarta zimna dłoń pobrużdżona
liniami fal, grzebieniami, pióropuszami śniegu: zwiewny obraz
powietrza w chwilowym połączeniu wiatru i wodnego pyłu, alfabet
znaczeń uciekających poza horyzont, powielonych w
nieskończonych wibracjach, zamarłych interferencjach. Myślę o
ubóstwie Wenecji. Nie rzucając cienia idę dalej w głąb, wsłuchując
się w chrzęst lodu pod stopami. Ale kiedy się zatrzymam, będzie
nadzwyczajna cisza otoczona szelestem parującego śniegu,
osypujących się grzyw i fryzów delikatniejszych niż popiół. Tu i
ówdzie pęknięcia tafli, zamaszyste jak błyskawice, kontury płatów

of ecstasy? Or graffiti in the eyes
of a mournful crowd who must believe
that certain acts should only be signed in blood?
As I sign now.

THE ALTERED STATE OF LEGENDARY THINGS

Someone is in control of the points and signals down the line
that guide our trains in the right direction.
Someone else has tied a knot and let go of the ends
so they'd best be drowned, in water or in dreams.

There is something deep inside me I simply can't get out.
A something rotten in the state of Poland. A real
family boy, though technically an orphan
too much i' the sun, with upturned collar

I walk by the Thames, and tug at the string
uncoiling this fragile ring of earth.
To be and not to be, is still the question.

In its brittle depths rests a kite.
I run up the street and scandalize the pigeons
You raise your eyes, and the wind roars among the great bells.

IN THE OFF-SEASON

The sea has frozen to a stop. Ice stretches to the horizon. Little
humps of sand, of water mixed with sand so thoroughly that gran-
ules of this new matter have the texture of firn, stick out smartly
where the surf used to pound the shore, and beyond that a great
frozen slab opens out like a cold hand, lined with the details of waves,
crests, white horses of snow: a fleeting image of air in a furtive
coupling of wind and spray, an alphabet of meanings receding to the
horizon, repeated to infinity, an infinity of vibrations and still-born
interferences. I think of a deserted Venice. I move without a shadow
and enter the deep, lost in the sound of ice scrunching under my
feet. But if I stop there will be a withering silence wrapped in the
whisper of melting snow, of crumbling crests and friezes more deli-
cate than soot. Here and there are cracks, as flashy as lightning,

kry, zarysy rozpadu. I wyobrażam sobie, że można by wziąć tę całość za układankę, usiąść i czekać aż woda rozmyje wzór, szaleństwo szronu, aż pójdzie się, powoli, na dno.

W górze mnie nie usłyszysz: czy to jest właśnie niebo? Zbyt białe, żeby w nie patrzeć, zbyt ciche, żeby usłyszeć słowo. Próbuję dotyku, kładąc się na śniegu: przebiegam palcami te zwiewne wierzchołki, mroźne gejzery, wykwity szronu, korony. Niebo odbija się w tym... lustrze tak zupełnie, że kiedy leżę na wznak, chmury zdają się przepływać przeze mnie jak piasek przez klepsydrę i – tężejąc, nieruchomiejąc w śnieżnych wstęgach – układają się w długie linie druku, który za chwilę drgnie pod dotykiem słońca. I jeszcze kilka obrotów ciała, i morze jest niby sklepienie białej groty, pod którym wiszę jak nietoperz, niebo mając pod sobą jak morze.

A w nocy – zostaję na noc – huk i skrzypienie lodu, zgrzyty i dudnienie, jakby gra lin okrętowych, jakiś mozolny wysiłek – żeby coś poprzestawiać? dla księżyca? innego satelity? złożyć te ośnieżone grzywy w uśmiech? ukradkowy uśmiech kiedy nikt nie patrzy? A kiedy naprawdę nikt nie patrzy, widzę wir i kipiel, zawieruchę kształtów: cienie postaci bez głów, węże pozwijane w pętle, obłąkany taniec berserków, archontów.

the contours of ice-floes, the blueprints of disintegration. And I imagine that I could mistake it all for one huge jigsaw puzzle, sit down and wait till water washes away the pattern, the frozen craziness of it, until I sink, slowly, to the bottom.

From up there, you won't hear me. Perhaps heaven is like this. So white, you can't look at it, so silent, you can't hear a word. I lie down on the snow and try to feel, running my fingers over the fragile summits, frozen geysers, gelid eruptions, icy foliage. The sky is reflected in this... mirror, so completely that when I lie on my back the clouds seem to pass through me like sand in an hourglass and – stiffening, coagulating into ribbons of snow – they unfurl in long lines of print which in a moment will be quickened by a touch of sunshine. A few more turns of the body and the sea is like the roof of a white cave, beneath which I hang like a bat, with the sky underneath like a sea.

And at night – I stay for the night – that crash and creak of ice, grinding and rumbling as it plays with the cables of ships, in a violent effort – to keep things moving? On the moon's behalf? Or some other satellite's? To mould these snowy crests into a smile? A stealthy smile when no-one is looking? And when no-one looks I spot a whirlpool and a welter of the waves, a blizzard of shapes: shadowy headless forms, of serpents coiled into rings, of the frenzied dance of berserkers, and the Archons, drivers of stars.

Translated by Rod Mengham

Marcin Świetlicki, who was born in 1961, lives in Kraków and works as a proof-reader for *Tygodnik Powszechny*, a Catholic weekly. He also collaborates with a number of musicians and rock bands and performs his poems on stage with their assistance.

His publications include:
Zimne kraje [*Cold Countries*] (Kraków – Warszawa: bruLion, 1992)
Schizma [*Schism*] (Poznań: Obserwator, 1994)
Zimne kraje 2 [*Cold Countries 2*] (Kraków: Zebra, 1995)
Trzecia połowa [*Third Half*] (Poznań: a5, 1996)
37 wierszy o wódce i papierosach [*37 Poems about Vodka and Cigarettes*] (Bydgoszcz: Świadectwo, 1996)
Pieśni profana [*Profane Songs*] (Czarne: Wydawnictwo Czarne, 1998)
Czynny do odwołania [*Open till Further Notice*] (Czarne: Wydawnictwo Czarne, 2001)

MARCIN ŚWIETLICKI

...SKA

Dlaczego twój niepokój tak obraca się wokół
wyrazów: niepodległość, wolność,
równość, braterstwo, Polska od morza do morza,
Bezrobocie, podatki, „Gazeta Wyborcza"?

Czy nie wiedziałeś, że są to małe wyrazy?
Czy nie wiedziałeś, że są to wyrazy najmniejsze?
Dlaczego właśnie o nie
zahacza twój język?

Czy nie wiedziałeś, że tym wszystkim rządzi
ta szczupła dziwka? ta, którą kochasz, a raczej masz na nią ochotę,
która wybiera sobie tego, którego akurat
ty nienawidzisz, który się znęca nad nią i wbija w nią gwoździe.
Przez nią siedzisz w więzieniu, przez nią jesteś głodny.

POBOJOWISKO

Leży przy moim boku. Udaje, że śpi.
Czy coś ładnego zostanie z tych zniszczeń?
Już zabiliśmy wszystko. Jasne ćmy
szyb dotykają z obu stron. Jest pokój.
Tymczasem cicho.

Sto razy zaznaczała, że mnie nie chce.
Wypróbowałem jednak wszystkie
męskie sposoby. Jest. Jest
przy moim boku na cudzym tapczanie.
Przegrała. Zwyciężyła. Zwyciężyłem. Przegrałem.

Leży. Ubrany – usiadłem daleko.
Patrzę i palę papierosa. Patrzę.
Przewrócone, stłuczone dwie szklanki z herbatą.
Popielniczka, a w niej dwa długie niedopałki.
Kiedy otworzy oczy – ja otworzę ogień.

...SKA

Why does your unease revolve around
words like independence, liberty,
equality, fraternity, Poland from sea to shining sea,
unemployment, taxes, 'Gazeta Wyborcza?'

Don't you know these are little words?
Don't you know these words are the littlest?
Why does your tongue
Get hooked on them?

Don't you know it's all ruled
by that slim slut? The one you love, or just fancy,
who chooses the one you happen
to hate and he tortures her and drives nails into her.
You go to prison for her, for her you go hungry.

BATTLEFIELD

She's lying beside me. Pretends to sleep.
Will anything nice survive the destruction?
We've killed everything. Bright moths
touch both sides of the window. Peace.
Quiet so far.

A hundred times she made clear she did not want me.
But I tried every male
trick. She's here. She's
beside me in someone's bed.
She lost. Won. I won. Lost.

She's lying there. Dressed, I sit down
at a distance. Watching.
Knocked over, broken teacups.
Ashtray with two long butts.
When she opens her eyes, I'll open fire.

JESZCZE O BARBARZYŃCACH

Wiedza o tym, że jednak tu wejdą,
na tę ziemię, która nie jest nasza,
lecz i nie ich – sprawia, że zakupy,
których dokonujemy w tych dniach, są tak bardzo
tymczasowe (ćwierć chleba poproszę).

Odpada problem starców. Skończyło się grzeczne
pozdrawianie ich w sklepie, na ulicy. Koniec.
Brzydzimy się wszystkimi naszymi dawnymi
zabawami, siedzimy skupieni niezmiernie.

Czekamy. Zwierząt nie karmimy już.
Czekamy i czekamy na dzień, w którym
nasza słabość potwierdzi się i
zatryumfuje.

DOMÓWIENIE

A ona jeszcze nie wie, że piszę o śmierci.
Ona się jeszcze łudzi, że piszę tu o niej
albo innych kobietach. Jeżeli poczuje
zapach innej kobiety – zrobi awanturę,
ale zrozumie. Nie zrozumie śmierci,
bo ona jeszcze śmierci nie rozumie.

Bo ona jeszcze nie dowierza, że śmierć
mi dyktuje. Woli pomyśleć: lenistwo.
Zgubiłem pióro. Urząd Podatkowy.
Kara za brak biletu. Nie spłacona rata.
Potrzeba samotności. Alkohol. Wycieczki
do wanny. Wszystko to – to znaki.

Czy ona się nie dowie, że piszę o śmierci?
Czy ona się nie dowie, że jeśli zastygam
– to uczę się? Bo nie być jest trudniejsze niż
nie mieć. Czy nie wie, że jeśli się śmieję
– śmieję się przeciw? W poprzednich wydaniach
nazywałem ją ona a teraz już nie chcę.

BARBARIANS REVISIT

Knowing they'll march in after all
to this land, which is not ours
nor theirs – has made our purchases
so provisional of late (a quarter loaf, please).

The aged cease to be a problem. The polite greetings
in shops and streets are over. Finished.
All our old games disgust us
we sit in great concentration.

Waiting. We've stopped feeding our animals.
Waiting and waiting for the day
when our weakness will be confirmed
and triumphant.

STATED IN FULL

And she still doesn't know that I'm writing about death.
She still thinks that I'm writing about her
or about other women. If she feels the scent
of another woman, she'll get mad,
but she'll understand. She won't understand death
because she still doesn't understand death.

Because she still doesn't believe that I take
dictation from death. She prefers to think: laziness.
I've lost my pen. The Revenue Service.
Penalty for not having a valid ticket. Late instalment payment.
The need to be alone. Drink. Trips
to the bath. These are all – signs.

Won't she learn that I write about death?
Won't she learn that if I blank out
I'm learning? For it's harder not to be
Than not to have. Doesn't she know that when I laugh
I laugh against? In previous editions
I called her she now I don't want to.

DRUGA PIEŚŃ PROFANA

Jak zwierzęta.
Bez telefonu.
Bez samochodu.
Bez wstydu.
Bez komputera.
Jak zwierzęta.
Nie odróżniając seksu od miłości.
Nie odróżniając prymasa od premiera.
Z tylko jedną ambicją: zasnąć
w cieple.

TAK DAWNO, TAK WYRAŹNIE

Rano idę obejrzeć miejsce, które wybrał piorun.
To pod dębem, trochę żelastwa, jakieś przerdzewiałe
wiadro. W tym miejscu ziemia jakby starsza,
bardziej siwa. Ogłuszone robaki wychodzą ze szczelin.
Jeszcze nie teraz.

PRZED WYBORAMI

dla Marcina Sendeckiego

Dzisiaj kupiłem dwa pory na kolację,
niosłem je za plecami, trzymając jak kwiaty.
Lato się gryzie z jesienią. Forma ocalała
i wychodzi z podziemia. Wszystko się układa
w jeden, wyraźny, doskonały kształt:

ogród koncentracyjny.

M – CZARNY PONIEDZIAŁEK

Moment, kiedy się zapalają jednocześnie wszystkie
lampy uliczne w mieście. Moment, kiedy mówisz
to niepojęte „nie" i nagle nie wiem co z tym robić

SECOND PROFANE SONG

Like animals.
No phone.
No car.
No shame.
No computer.
Like animals.
Can't tell between love and sex.
Can't tell between the Primate and the Prime Minister.
With only one ambition: to fall asleep
where it's warm.

SO LONG AGO, SO DISTINCTLY

In the morning I go to see the spot chosen by lightning.
Beneath an oak some scrap metal, a rust-eaten
bucket. The earth seems older here,
greyer. Deafened worms crawl from crevices.
Not this time.

BEFORE THE ELECTIONS

To Marcin Sendecki

Today I bought two leeks for dinner,
carried them behind my back like flowers.
Summer clashes with autumn. Form has survived
and is leaving the underground. Everything falls
into one, clear, perfect shape:

a concentration garden.

TO M – BLACK MONDAY

The moment when all the street lights turn on
simultaneously. The moment when you speak
this inconceivable "no" and suddenly I don't know

dalej: umrzeć? wyjechać? nie zareagować?
Moment w słońcu, kiedy cię obserwuję z okna autobusu,
masz inną twarz niż w chwilach, kiedy wiesz, że patrzę
– a teraz mnie nie widzisz, patrzysz w nic, w błyszczącą
szybę, za którą niby jestem. Już nie ja, nie ze mną,
nie w ten sposób, nie tutaj. Może zdarzyć się
wszystko, bo wszystko się wydarza. Wszystko określają
trzy podstawowe pozycje: mężczyzna na kobiecie,
kobieta na mężczyźnie albo to, co teraz
– kobieta i mężczyzna przedzieleni światłem.

McDONALD'S

Znajduję ślad twoich zębów w obcym mieście.
Znajduję ślad twoich zębów na swoim ramieniu.
Znajduję ślad twoich zębów w lustrze.
Czasami jestem hamburgerem.

Czasami jestem hamburgerem.
Sterczy ze mnie sałata i musztarda cieknie.
Czasami jestem podobny śmiertelnie
do wszystkich innych hamburgerów.

Pierwsza warstwa: skóra.
Druga warstwa: krew.
Trzecia warstwa: kości.
Czwarta warstwa: dusza.

A ślad
twoich zębów
jest najgłębiej,
najgłębiej.

what to do with it next: die? emigrate? ignore?
A moment in the sun when I watch you from a bus,
your face is different than when you know I'm looking
– and now you don't see me, look at nothing, at
a shiny window, behind which I sort of am. Not I,
not any more, not with me, not this way, not here.
Anything can happen because everything happens.
Everything is determined by three basic positions:
a man on a woman, a woman on a man
or like now: a woman and a man rent by light.

McDONALD'S

I find your teethmarks in a strange city.
I find your teethmarks on my shoulder.
I find your teethmarks in the mirror.
Sometimes I am a hamburger.

Sometimes I am a hamburger.
Lettuce sticks out of me and mustard runs.
Sometimes I am mortally like
all other hamburgers.

First layer: skin.
Second layer: blood.
Third layer: bones.
Fourth layer: soul.

And your teeth
marks the deepest,
the deepest.

Translated by Tadeusz Pióro

Eugeniusz Tkaczyszyn-Dycki lives in Warsaw, but was born in 1962 in an area bordering on the Ukraine. He studied Polish literature in Lublin, specializing in the literary history of Lwów. *Zaplecze* [*Hinterland*], a collection of his meditations on writing from the former eastern parts of Poland, was published by Biuro Literackie in 2002.

His publications include:
Nenia i inne wiersze [*Nenia and Other Poems*]
(Lublin: 1990)
Peregrynarz [*Travel Journal*] (Warszawa: Przedświt, 1992)
Młodzieniec o wzorowych obyczajach [*A Young Man of Impeccable Manners*] (Warszawa:
Przedświt, 1994)
Liber mortuorum (Lublin: Kresy, 1997)
Kamień pełen pokarmu. Księga wierszy z lat 1987-1999 [*A Stone Full of Nourishment. A Book of Poems from the Years 1987-1999*] (Izabelin: Świat
Literacki, 1999)
Przewodnik dla bezdomnych niezależnie od miejsca zamieszkania [*Guide for the Homeless Regardless of Place of Residence*] (Legnica: Biuro Literackie, 2000)

EUGENIUSZ TKACZYSZYN-DYCKI

XII KSIĘŻYC WSCHODZI NAD WISŁĄ

bydlę z frajerem (mówią iż chytrze) który powiada
o wielkiej chorobie na naszych przedmieściach
wkrótce będzie już na naszych podwórkach i przy studni
splunie w głąb naszego zanieczyszczenia

w naszych domach będzie spokojniej gdy wskażemy
na ciebie jakbyś się wlókł w odchodach
jakbyś wlókł się w odchodach przez ludzkie osiedla
i raz po raz pluł w głąb naszej nieskazitelności

Gemlaburbitsky boi się choroby co idzie od pedała
do pedała i zagraża na przedmieściach: ja nigdzie
nie bywam jakie to szczęście iż po zapadnięciu zmroku
nie bywam u studni w głąb której spuszcza się księżyc

XXV OSTATNI KRZYK MODY

Gemlaburbitsky z którym od kilku
dni bydli moje ciało (mówią
iż chytrze) uśmiecha się na to
moje spustoszenie i jest

jak laleczka bez skazy ust chociaż nimi
niejednokrotnie brał co było również w ręku
(a potem wszędzie indziej) jutro wyskoczy
z głębin wanien które go ani nie odchudzą

ani nie odmłodzą i nim się spostrzegę
znowu będzie mój tylko to spustoszenie
na powrót wsadzam sobie w spodnie
co je mam skrojone według ostatniej mody

XXVI

Gemlaburbitsky z którym od kilku
dni bydli moje ciało (mówią
iż chytrze) uśmiecha się na to
moje spustoszenie za każdym

XII MOON RISES OVER THE VISTULA

I'm bedding with a sucker (subtly, they say)
who speaks of a great plague in our suburbs
soon it will be in our yards and at the well
it will spit into the depths of our pollution

our houses will be quieter when we point
at you as if you were crawling in excrement
as if you were crawling in excrement through human settlements
and time after time spat into the depths of our spotlessness

Gemlaburbitsky fears the plague that passes from queer
to queer and threatens in the suburbs: I go nowhere
how lucky that after nightfall I don't visit the well
whose depths are plumbed by the moon

XXV DERNIER CRI

Gemlaburbitsky with whom my body
has been bedding these days (subtly,
they say) smiles at this
exploitation of mine and is

like a doll unmarred by lips even though
he put them around what entered the hand
(and everywhere else) tomorrow he'll jump
from the depths of tubs that won't make him thinner

or younger and before I notice
will be mine again only this exploitation
reenters my pants that I've had cut
according to the latest fashion

XXVI

Gemlaburbitsky with whom my body
has been bedding these days (subtly
they say) smiles at this
exploitation of mine each

razem gdy wracam do sił
i kiedy mu przypominam
co uzgodniliśmy: jeżeli zechcesz
pójdę na dworzec by osiągnąć

przebaczenie tych którzy mnie
jeszcze nie mieli i przebaczyć
tym którzy mieli mnie
a utracili tak niewiele

X

wsłuchuj się w przeszłość
oni tam wciąż jeszcze są
jeszcze odciskają się gwałtem
jutro przyjdą Rosjanie

aby nam przypomnieć o trumnach
w których czujemy się
niezbędni co najmniej od dwóch
wieków czujemy się na swoim miejscu

jutro przyjdą Rosjanie
Hryniawska widzi ich jak znowu
niszczą jej ogród czyli Polskę
i tulipany co na jedno wychodzi

XI

wsłuchuj się w przeszłość w wiatr
który nie uwolnił od wspomnień
i najgorszych przeczuć oni tam wciąż
jeszcze są przewracają w ogrodzie ule

przekopują ogród oni tam wciąż jeszcze kopią
nawet jaśniepański wiatr przewracają do góry
nogami żeby Hryniawskiej odebrać
Polskę lub przynajmniej złoto ukryte w polu

time I regain my strength
and remind him what
we agreed: if you wish
I will go to the station to gain

the forgiveness of those who haven't
yet had me and forgive
those who had
and lost so little

X

listen to the past
they're still there
imprinting their violence
tomorrow the Russians will come

to remind us of the coffins
in which thanks to them we feel
indispensable for at least
two centuries we've felt at home

tomorrow the Russians will come
Hryniawska sees how again
they destroy her garden that is Poland
and her tulips which comes to the same

XI

listen to the past the wind
which didn't free of memories
and the worst forebodings they're still
there knocking over beehives in the garden

digging up the garden they're still
there digging even the Polish gentry's wind
is turned on its head to rob Hryniawska
of Poland or at least the gold buried in the field

jutro przyjdą Rosjanie będą krzyczeć
prosto w twarz gdzie ukryłaś
Polskę a gdzie złoto nie wiedząc
że jedno i drugie znaczy to samo

XXVII

oto złożyliśmy trupa do trumienki
i ponieśliśmy przez chore miasto
w którym mężczyźni uprawiają nierząd
i nikt jeszcze nikogo nie uzdrowił

pocałunkiem a przecież
pocałunek jest od Boga
który nie rozstaje się z ludźmi
więc co czynią twoje usta

pośród setek tysięcy chorych
ani jednego do którego by przyszedł
i ani jednego którego by opuścił
choć wielu z nich będzie miało otwarte rany

XXX

w domu naszych matek była miłość
mleko było miłością najpierwszą i najpełniejszą
gdy wyrośliśmy na chłopców nasze matki jak wiedźmy
wyszły z domu i nigdy już nie wróciły

wyrośliśmy na pięknych chłopców i bardzo nieszczęśliwych
nasze matki wyszły z domu i nigdy nie wróciły
do pełni władz umysłowych ktoś je widział
jak uciekały w kaftanie bezpieczeństwa unosząc nas z sobą

XXXIX PIOSENKA

w wielkich miastach używamy
dużo kosmetyków na zdziwione pryszcze

tomorrow the Russians will come they will shout
in her face where did you hide
Poland where's the gold without knowing
that it means one and the same

XXVII

so we put the body in the coffin
and carried it through the sick city
where the men sell themselves
and no-one has ever been cured

with a kiss even though
a kiss is from God
who does not part with people
so what make your lips

among the hundred thousand sick
not one to whom He would come
and not one whom He would forsake
though many will have open wounds

XXX

In our mothers' homes there was love
milk was the first and fullest love
when we grew to be boys our mothers like crones
left home and never came back

we grew to be beautiful boys and very unhappy
our mothers left home and never returned
to their full mental capacities someone saw them
running away in strait jackets bearing us along

XXXIX SONG

in big cities we indulge
in many lotions for shocked pimples

na wielkich dworcach skąd nas zabierają
udajemy dzieci przyssane do płaczu

i rozstające się z płaczem jak nikt jeszcze
na wielkich dworcach skąd nas zabierają
udajemy chłopców wyrzuconych z baśni
bez łatwego powrotu do rzeczywistości

a w wielkich miastach używamy
dużo kosmetyków na wyciśnięte krosty
udajemy chłopców wyrzuconych z baśni
bez pamięci do nazwisk starszych panów

LI NA MIASTECZKU UNIWERSYTECKIM

podszedłem do niego gdy zwymiotował a był
w moim wieku może trochę starszy i zapytałem
skąd biorą się gwiazdy które robią
to samo gdy późno wracamy do domu

gwiazdy robią to od lat w dół urwiska
kiedy idziemy z drugiego końca miasta
przemówiłem gdy rzucił się przeklinać
konstelacje których nigdy nie widział

a mieliśmy w oczach piętno jednej
i tej samej gwiazdy kiedy na mnie spojrzał
podszedłem by mu powiedzieć iż gwiazdy
od lat robią to za każdym razem z kim innym

LII

pijemy alkohol na żydowskim cmentarzu
a potem siusiamy w zaroślach
Leszek nie kryje się z tym co ma w spodniach
i to robi wrażenie na zmarłych

każdy z nas zauważam siusia w znacznej
odległości od obecnych i nieobecnych
natomiast Leszek chwali się tym co mu
wystaje ze spodni i to robi wrażenie

in big railway stations from which they take us
we pretend to be children sucking at tears

and parting from tears like no one ever has
in big railway stations from which they take us
we pretend to be boys expelled from a fable
with no simple return to reality

and in big cities we indulge
in many lotions for squeezed pimples
we pretend to be boys expelled from a fable
unmindful of the gentlemen's names and money

LI ON CAMPUS

I approached him after he'd vomited and he was
my age maybe a little older and asked him
where the stars come from who do
the same thing when we come home late

the stars have been doing it for years on the incline
when we walk from the other side of town
I spoke and he fell to cursing
constellations he had never seen

and in our eyes was the stigma of one
and the same star when he looked at me
I walked up to tell him for years the stars
have been doing it each time with someone else

LII

we drink alcohol at the jewish cemetery
and pee in the bushes
Leszek doesn't hide what he has in his pants
and that makes an impression on the dead

I notice each of us pees quite a distance
from those present and absent
but Leszek shows off what juts
from his pants and that makes an impression

226 / Eugeniusz Tkaczyszyn-Dycki

na zmarłych jestem jednym z nich
więc jestem jednym z nich odkąd dwie dziewczyny
i trzech chłopaków załatwia się
wśród grobów jak u siebie w domu

LIII

pijemy alkohol na żydowskim cmentarzu
tłuczemy szkło o wysoki mur
za którym ciągnie się getto nasze matki
bracia i siostry nasze wszy

tłuczemy szkło o wysoki mur lękamy się
stąd wyjść i to robi największe wrażenie
na zmarłych jestem jednym z nich
to także robi wrażenie na mojej chorej matce

gdy jej opowiadam co wykrzykiwaliśmy
„Dziewczyny kochajcie łyse pały i długie
włosy" a która teraz z upodobania
do niezwykłych słów powtarza to samo

LXVII ODPOWIEDZIALNOŚĆ

mój przyjaciel jest martwy
i z martwych nie wstanie dzisiaj
mimo iż jest gotów
do dźwigania rzeczy utraconych

jutro znowu pójdę za nim
w głęboki oczodół tego samego
co ujrzałem wczoraj
i jeżeli zaniewidzę to dla garstki

łachmanów w których już go nie zobaczę
jutro znowu będę źrenicą
obróconą strasznie na siebie jak wtedy
kiedy się rodził i kiedy umierał

on the dead I am one of them
so I am one of them since two girls
and three boys do their business
among graves like at home

LIII

we drink alcohol at the jewish cemetery
break glass against the high wall
beyond which lies the ghetto our mothers
brothers sisters our lice

we break glass against the high wall we fear
leaving this place and that makes the biggest impression
on the dead I am one of them
it also makes an impression on my sick mother

when I tell her what we shouted
"Girls love cut meat and long
hair" and who now from a liking
for unusual words repeats them

LXVII RESPONSIBILITY

my friend is dead
and won't rise from the dead today
though he is ready
to bear things lost

tomorrow I'll follow him
into the deep socket of the same
that I saw yesterday
and if my eyes fail it'll be for a handful

of rags in which I won't see him any
more tomorrow again I'll be a pupil
turned terribly on itself as when
he was born and when he was dying

LXXX UPAŁ

płakaliśmy po osiemnastoletniej Bojarskiej
nic nie rozumiejąc z jej osiemnastu lat
pogrzebanych zbyt nagle żeby nie szukać winnych
tej śmierci na pożółkłych fotografiach

wtedy jeszcze nie wiedzieliśmy iż stoimy
na lubaczowskiej drodze by pochować
Bojarską w skwarze popołudniowego słońca
które wybiegło skądiś i położyło swoje

ręce na otwartej trumience i bawiło się
sobą w uśpionych włosach Helenki
jakże wesoło bawiło się słoneczko w uśpionych włosach
Helenki i zachęcało nas do wejrzenia w głąb siebie

LXXXIII NIEŚMIAŁOŚĆ

to nieprawda że przyjaciele chorują
na raka i umierają w samo południe
ich twarz nie zmieni się nawet o mgłę
którą nakładamy w ślepe miejsca

przyjaciel ma zawsze usta przez które
kości jego wołają i będą wołać
może teraz gdy leżymy obok siebie
spodziewając się przyjścia kogoś

kogo nie znamy jego usta rozstąpią się
cudownie i wzbudzą we mnie
kamień głodny który jeszcze dzisiaj
rzucę w okno twojej sypialni

XC

dopiero wypłakaliśmy oczy po tobie
Helenko i po tobie Stasiu a już znowu
śmierć prowadza się z nami
i upija nas w tej nie istniejącej karczmie

LXXX HEAT

we wept for eighteen-year-old Bojarska
understanding nothing of her eighteen years
buried too suddenly for us not to seek those guilty
of her death in yellowed photographs

we did not know then that we were standing
on the Lubaczów road to bury
Bojarska in the heat of the afternoon sun
which ran out of somewhere and laid its

hands on the open coffin and played
with itself in Helenka's sleeping hair
how merrily the sun played in Helenka's
sleeping hair inviting us to look inside ourselves

LXXXIII SHYNESS

It's not true that friends are ill
with cancer and die at the stroke of noon
their faces won't change even if we fog
over the blind spots

a friend always has lips through which
his bones call and keep calling
maybe now when we lie together
expecting the arrival of someone

whom we don't know his lips will part
by a miracle and rouse in me
a hungry stone which even today
I shall throw at your bedroom window

XC

we'd just wept our eyes out for you
Helenka and you Stasio and again
death goes around with us
and gets us drunk in this non-existent tavern

Hryniawska mówiła że „jak gadzina
przychodzi i bierze przychodzi i bierze
upija nas w tej nie istniejącej karczmie
u Żyda który również gdzieś przepadł"

doprawdy Hryniawska wie co mówi
gdy od miesięcy niedomaga i płacze
„śmierć prowadza się z nami
albo i bez nas ciągnie od karczmy

do karczmy żeby zachłysnąć się sobą"

Hryniawska said that "like a serpent
she comes and takes away comes and takes
gets us drunk in this non-existent tavern
the Jew's who also vanished somewhere"

indeed Hryniawska knows what she's saying
for months she's been ill and crying
"death goes around with us
or without us marches from tavern

to tavern to gag on itself in wonder"

Translated by Tadeusz Pióro

ADAM WIEDEMANN was born in 1967 and lives in Kraków, where he is poetry consultant at the Nurnberg House. He studied Polish literature at the Jagiellonian University, but was also trained in composition and frequently writes about music. He is the author of two collections of short stories, *Wszędobylstwo porządku* [*The Ubiquitousness of Order*] and *Sęk pies brew* [*Five Short Pieces*].

His publications include:
Samczyk [*Young Male*] (Poznań: Obserwator, 1996)
Bajki zwierzęce [*Animal Fables*] (Wrocław: Pomona, 1997)
Ciasteczka z kremen [*Cream Cakes*] (Legnica: Centrum Sztuki – Teatr Dramatyczny, 1998)
Rozrusznik [*Starter*] (Kraków: Wydawnictwo Literackie, 1998)
Konwalia [*Lily of the Valley*] (Legnica: Biuro Literackie, 2001)

ADAM WIEDEMANN

PORCYJKA

Z gorącą pozostałością, bezwiednie
i zero ostentacji. Starczy ciało.
Do głowy przychodzą dziwne
wyrazy typu: kurara, Kolorado, kauczuk.

Atrakcyjność Czerwonych zmalała od czasu,
kiedy zakopali topór wojenny. Wszystko w swoim czasie.
Można się przygotować na najgorsze i można się
nie przygotować. Na jedno

wychodzi. Nie pamiętamy
imion swoich narzeczonych, po co nam te imiona, na co nam te głosy.
Ciała nigdy nie starczy. I nie starczy bieli,
na której można rysować i śmiać się.

ESTETYKA SŁOWA

dla Krzysia i Różyczki

Ten wiersz się łączy z poprzednim. Słońce nie ma twarzy,
zwłaszcza dzisiaj. Poprzednio brało sobie urlop
i mogliśmy wyjść z pracy, patrzeć prosto w ciemność.

W pracy nie było najgorzej. Nie było co robić,
więc poświęcaliśmy się słowu
mówionemu. To takie proste: otwierasz

usta i coś z nich wychodzi, i nie jest to bynajmniej język
w stanie czystym. Pomyśleć, że tyle pięknych
istot obchodzi się całkiem bez słowa, na przykład ten pan,

który rozkłada pamperki po stołach i potem je zbiera.
Ucieleśnienie nadziei na miłe popołudnie
przy lampce czegoś mocniejszego. Ach, słowa

nabierają sensu, a potem… Popatrz, wyglądasz jak zmęczone zwierzę.
Paradoksalnie rzecz ujmując, każdy z nas
jest podobny do kopca termitów i nasi mieszkańcy

SMALL DOSE

With warm leavings, unknowingly,
without ostentation. The body will do.
The mind entertains strange
words like curare, Colorado, caoutchouc.

The Reds haven't been that attractive
since they buried the hatchet. All in good time.
You can prepare for the worst and you can
prepare not at all. Comes

to the same. We don't remember
our fiancées' names, why should we need those names or voices?
The body will never do. And neither will whiteness
on which you can draw and laugh.

AESTHETICS OF THE WORD

For Krzysztof and Różyczka

This poem joins the one before. The sun has no face,
especially today. Before, it would go on leave
and we could leave work, look straight into darkness.

Work wasn't so bad. Nothing to do,
so we gave ourselves to the spoken
word. It's so simple: you open

your mouth and something leaves it, by no means the tongue
in its pure state. To think that so many lovely
creatures do without a word, as this gentleman

putting key chains on tables to pick them up again.
Embodiment of hopes for a pleasant afternoon
with a glass of spirits. Ah, words

take on meaning, and then... See, you look like a worn-out beast.
Paradoxically speaking, every one of us
resembles a termites' mound and our denizens

mogą się swobodnie mieszać, ale tylko
w ograniczonym zakresie. Ograniczonym przez co?
Spytajmy raczej przez kogo, czujemy się przecież kimś.

I czujemy, że ten, co jest nad nami, też jest kimś,
bo jakże to, być we władzy zwykłej małpy
i mówić do niej: Ty świński skacowany pomidorze.

Forma tego wiersza pozwala na powiedzenie czegoś więcej.
Sam nie wiem jak to jest, chcielibyśmy być świadomi
wszystkiego, a potem mówimy: Sorry,

nie było mnie przy tym, byłem w kuchni.
Niektóre kobiety pół życia spędzają w kuchni
i trudno się dziwić, że chciałyby wszystko

widzieć od kuchni. To dla nich wymyślono
masę nieistotnych rzeczy, i wcale nie dlatego, że kiedyś
leżano z nimi w dobrych objęciach seksu.

Od czasu do czasu ktoś nam każe
całować je po rękach i wtedy zastanawiamy się: Kpi, czy o drogę pyta.
Całować to my możemy jakiś ładny

tyłek, podziwiając smugę włosów między pośladkami,
o ile jest rzeczywiście ładna. Niektóre pośladki
są ładniejsze od niektórych symfonii. Gdzieś o tym

czytałem, widać ktoś już pisał o dupie wierszem. Czuję się
coraz to bardziej rozśmieszony i, jak stwierdził Jarek
Górnicki, pokażcie mi kogoś, kto rzeczywiście uważa,

że jest śmiertelny. Zawsze możemy liczyć
na to, że ktoś, kogo pokochamy, jeszcze się nie narodził:
tylko młodzież się pieprzy z własnym pokoleniem.

Ale ja tu zabawiam Państwa anegdotami, a tam gdzieś
na Trzecim Świecie odbywa się poważna konferencja
naukowa i idzie na to kupa kasy. Proszę sobie

wyobrazić: kwiat krakowskiej profesury podczas
dyskusji z kwiatem profesury warszawskiej. Takie rzeczy
powinno się puszczać w kinie ku uciesze gawiedzi,

can mingle freely, but only within
a limited range. Limited by what?
Ask rather by whom, we feel we're somebody yet.

And we feel the one above us is somebody, too,
for how could we be ruled by a rude monkey
and speak to it: You swinish, hungover tomato?

More can be said thanks to this poem's form.
I don't know how it is that we'd like to be
aware of everything, but then say: Sorry,

I wasn't there, I was in the kitchen.
Some women spend half their lives in the kitchen
and no wonder they'd like to see it all

from that angle. It's for them all those
meaningless things were invented, regardless
of what used to pass for the wholesome embrace of sex.

From time to time someone tells us
to kiss their hands and we think: Is he pulling our leg?
All we can kiss is some pretty

ass, admiring the hairline between its cheeks,
provided it's pretty, of course. Some cheeks
are prettier than some symphonies. I read

about that somewhere, obviously the ass
must have been put into verse. My hilarity is on the rise
and, as Jarek Górnicki said, show me someone who really thinks

he's mortal. We can always count
on our lover's not having been born yet:
only the young fuck with their own generation.

But here I am amusing you with anecdotes while
somewhere in the Third World a serious scientific
conference is afoot with major funding. Just

imagine: the cream of the Kraków professoriate
in a debate with the cream of the Warsaw professoriate. They should
show such things at the movies for the crowd's amusement.

niestety gawiedź nie wie, co dobre. Wczoraj na przykład
piłem Kasztelana i wydawał się całkiem znośny,
a potem rzygałem jak kot. Madzia opowiadała o kocie,

który ugryzł jej koleżankę w palec, a potem zdechł. Tyś,
bracie, dostał młyn, a ja dostałem kota. Fakt,
że niektórzy z nas umrą w dzieciństwie, jest znacznie

poważniejszy niż to, że inni pójdą siedzieć
za przekonania. Przekonania można mieć
takie lub owakie, niektóre z nich nazywamy zbrodniczymi i właśnie te

lęgną się najczęściej w więzieniu, dlatego
więzienia należy zamknąć i wszystkich posłać na stryczek
albo na elektrowstrząsy. Śmierć

jest znacznie ciekawsza od siedzenia w kiciu, podobnie
jak pisanie wiersza przewyższa pisanie podania. Kici kici, o Matko
Boska, niech się to wszystko ładnie zaokrągli, przecież

wciąż myślimy o sobie nawzajem tak dobrze.

(Kraków, 23 maya 2002)

Too bad the crowd doesn't know what's good. Yesterday, for instance,
I drank Kasztelan beer and it seemed quite passable,
but then I puked like a cat. Madzia told me of a cat

that bit her girlfriend's finger and died. You, brother,
got the mill, but I got the cat. The fact
that some of us will not survive childhood is much more

serious than the fact that others will go to prison
for their convictions. You can have convictions
of one kind or another, some of them we call criminal and it's those

that most often germinate in prisons, therefore
prisons should be closed down and inmates
made to hang or take electric shocks. Death

is far more interesting than penal servitude, just as
writing a poem surpasses writing applications. Oh, feline attitude,
        oh Mother
of God, may all this round off nicely since

we still think so well of each other.

(Kraków, 23 May 2002)

Translated by Tadeusz Pióro

GRZEGORZ WRÓBLEWSKI was born in Warsaw in 1962 but moved to Copenhagen in the mid eighties. He is the author of several plays. English translations of his poems have appeared in *London Magazine*.

His publications include:
Ciamkowatość życia [*Gooey Life*] (Warszawa:
bruLion, 1992)
Planety [*Planets*] (Warszawa: *bruLion*, 1994)
Dolina królów [*Valley of the Kings*] (Białystok:
Kartki, 1996)
Symbioza [*Symbiosis*] Legnica: Centrum Sztuki –
Teatr Dramatyczny, 1997)
Prawo serii [*Serial Law*] (Bydgoszcz: Świadectwo,
2000)

GRZEGORZ WRÓBLEWSKI

MANDARYNKI

Delektując się mineralną wodą
z dumą patrzę na hiszpańskie,
wysuszone mandarynki.

Skurczone ze strachu schroniły się
w koszyku pełnym pustych butelek.
Jestem panem ich krótkiego życia.

Oszczędziłem je. Tak jak ktoś
zapomniał o mnie.

ARGUMENT ZE STACJI ENGHAVE

Stacja Enghave. Na peronie zmęczony
karzeł i jego potężna, starodawna
walizka. Umięśniony mastiff ślini się
na widok białego gołębia... Dlatego
musisz zawsze jeść płatki – mówi
ojciec do 6-letniego Clausa.

***

Przekładam nożyk z ręki na jutro.
Krew może poczekać.
Krew zdąży się jeszcze ostudzić.
Od miesiąca stycznia po miesiąc zwany grudniem
przekładam nożyk z ręki na jutro.
A w czarnym pudełku ciałka się burzą
i skomlą o wyjście na mój koniec.
Nie chcą kurwy naturalnie,
nie chcą na zgrzybiałość.

Przekładam nożyk z ręki na jutro.
Krew może poczekać.
Krew zdąży się jeszcze ostudzić.
Ale czy tak można z krwią?

TANGERINES

Savouring spring water
I look with pride at Spanish
dried-up tangerines.

Cringing in fear they took shelter
in a basket full of empty bottles.
I lord over their brief lives.

I spared them. As someone
forgot about me.

ARGUMENT FROM ENGHAVE STATION

Enghave Station. On the platform a weary
dwarf and his massive, ancient
valise. A muscled mastiff drools
at the sight of a white pigeon... That
is why you must eat your cereal – says
father to six-year-old Claus.

***

I put off the knife from my hand till tomorrow
Blood can wait
Blood will cool yet
From January till the month called December
I put off the knife from my hand till tomorrow
And in the black box corpuscles seethe
and whine to be let out for my end.
Naturally the cunts don't want
don't want to for my decay

I put off the knife from my hand till tomorrow
Blood can wait
Blood will cool yet.
But can you do that to blood?

NIEPOROZUMIENIE

Na stoliku zobaczyłem:
Kolorową puszkę z niemieckimi piernikami w środku,
futerał na okulary, nożyczki i mydełko krawieckie,
czterowkładowy gruby długopis, 2 pudełka zapałek,
Literaturę na Świecie – nr 7 z 1986 roku,
3 tabletki przeciw grypie firmy H. Lundbeck A/S,
list z Polski od Mariana i reklamówkę nowego
miesięcznika pt.: *Gør Det Selv.*
Oglądałem to bogactwo świata przez cały tydzień.
A potem mnie zabrali.

WIOSNA

wariant nr 1
– powiesić się
wariant nr 2
– też się powiesić
wariant nr 3
        – przezimować
          a na wiosnę
             się powiesić

MISUNDERSTANDING

On the table I saw:
a colourful tin of German gingerbread,
a spectacles case, scissors and tailor's soap,
a thick pen with 4 points, 2 matchboxes,
a copy of *Literatura na Świecie*, number 7/1986,
3 flu pills made by H. Lundbeck A/S,
a letter from Marian in Poland and an ad
for a new monthly called *Gør Det Selv.*
All week I gazed at the world's riches.
Then they took me away.

SPRING

first option
– to hang myself
second option
– also to hang myself
third option
        – winter
        then hang myself
          in spring

Translated by Tadeusz Pióro

Rod Mengham is Reader in Modern English Literature at the University of Cambridge, where he is also Curator of Works of Art at Jesus College. He is the author of books on Charles Dickens, Emily Bronte and Henry Green, as well as of *The Descent of Language* (1993). He has edited collections of essays on contemporary fiction, violence and avant-garde art, and the fiction of the 1940s. He has written on art for various magazines, especially *tate*, and composes the catalogues for the biennial 'Sculpture in the Close' exhibition, at Jesus College, Cambridge. He is also the editor of the Equipage series of poetry pamphlets and co-organizer of the Cambridge Conference of Contemporary Poetry; his own poems have been published under the title *Unsung: New and Selected Poems* (Folio / Salt, 1996; 2nd edition 2001).

Tadeusz Pióro, poet and translator, was born in 1960 and co-edits *Dwukropek* (with Andrzej Sosnowski). His translations into English include a selection of Tadeusz Borowski's poems, published in 1990 by the Hit and Run Press in California. He is also adjunct professor of American Literature at the English Department at the University of Warsaw.

Piotr Szymor was born in 1959 and studied at the universities of Łódź and Oxford. He is co-founder of the artists' association *fabs*, for which he has organized several poetry and visual arts events including 'Antesound' Poznań, 2000, 'Atopos', Łódź, 2001 and 'Terrestrials', Warsaw, 2002. He lives and works as a freelance translator in Warsaw.